校企合作汽车制造类专业精品教材

汽车智能制造概论

主审　赖武军
主编　曾小山　米晓彦

航空工业出版社

北京

内容提要

本书依据国务院印发的《国家职业教育改革实施方案》的相关要求编写而成，对汽车智能制造的相关知识进行了全面讲解。全书共六个模块，分别为了解汽车智能制造基础、认识汽车智能制造信息技术、熟悉汽车智能制造识别技术、掌握汽车智能制造加工技术、认识汽车智能制造管理系统、了解汽车智能制造的应用。

本书结构清晰、深入浅出、图文并茂，可作为职业院校汽车制造类专业的教材。

图书在版编目（CIP）数据

汽车智能制造概论 / 曾小山，米晓彦主编. -- 北京：航空工业出版社，2023.2（2024.5重印）
ISBN 978-7-5165-3272-0

Ⅰ. ①汽… Ⅱ. ①曾… ②米… Ⅲ. ①汽车－智能制造系统－高等职业教育－教材 Ⅳ. ①U468.2

中国国家版本馆CIP数据核字(2023)第026322号

汽车智能制造概论
Qiche Zhineng Zhizao Gailun

航空工业出版社出版发行
（北京市朝阳区京顺路5号曙光大厦C座四层　100028）
发行部电话：010-85672666　　010-85672683

北京京华铭诚工贸有限公司印刷	全国各地新华书店经售
2023年2月第1版	2024年5月第2次印刷
开本：880×1230　1/16	字数：253千字
印张：9.5	定价：49.80元

本书编委会

主　审　赖武军

主　编　曾小山　米晓彦

副主编　何时清　卢　意　李　丽
　　　　　　杨　震　周劲松　张化迎

前言 PREFACE

当今，汽车制造业正处在新一代工业革命的浪潮之中，正逐步由传统制造向智能制造转型升级。因此，发展汽车智能制造对我国建设汽车强国具有重要的战略意义。

于是，熟悉汽车智能制造的相关内容，了解其发展趋势是从事汽车相关行业工作的基本要求。为了培养满足这些要求的高素质技能型人才，我们精心编写了本书。本书主要具有以下几个特点。

1. 素质教育，立德树人

党的二十大报告指出："育人的根本在于立德。"本书有机融入党的二十大精神，积极落实立德树人的思想，在每个模块的开头设有明确的"素质目标"，让学生注重相关素质的养成；并在恰当位置设置了"视野拓展"，以培养学生的职业素养，使学生在学习专业知识的同时了解行业发展态势、先进人物事迹等，以增强学生的民族自豪感和历史使命感，使学生在学习中树立正确的世界观、人生观和价值观。

2. 校企合作，产教融合

在编写本书的过程中，编者为了获取与汽车智能制造相关的先进技术及理念、明确岗位的实际技能需求，深入产业前线调研，充分融合岗位的实际技能需求与职业教育教学特色，力求使理论知识和实际岗位有机结合，技能培养与教学改革并行不悖，让学生切实掌握实用技能。

3. 模块引入，学以致用

本书在每个模块的开头设有相应的"模块引入"，以充分调动学生的学习兴趣。本书在每个模块的结尾，设置了紧扣教材内容的活动环节"学以致用"，有助于学生在有趣的活动中将所学知识进行巩固和深化。

4. 成果检验，考核评价

本书包含"学习成果检验"与"学习成果评价"环节，"学习成果检验"环节通过丰富的习题检验学生对知识的掌握程度；"学习成果评价"环节对学生学完本模块后应具备的知识、技能、素养进行综合评价，有利于学生正确、全面地认识自我。

5. 栏目丰富，图文结合

本书设有"知识链接""小贴士"，介绍了一些文中涉及但学生不熟悉的内容，不仅便于学生更好地掌握相关知识，还可以拓宽学生的视野；同时，本书还设有"课堂讨论"，以强化学生的思考与互动。本书配有丰富的汽车智能制造图片，有利于提升学生的学习乐趣，培养学生对汽车智能制造的感性认识，使学生更具体地了解汽车智能制造。

6. 数字资源，平台辅助

本书配有丰富的数字资源。读者可借助手机或其他移动设备扫描二维码观看微课视频，也可登录文旌综合教育平台"文旌课堂"（www.wenjingketang.com）查看和下载本书配套资源，如微课视频、优质课件、教案、习题答案等。

此外，本书还提供了在线题库，支持"教学作业，一键发布"，指导教师只需要通过微信或"文旌课堂"App扫描扉页二维码，即可迅速选题、一键发布、智能批改，并查看学生的作业分析报告，提高教学效率、提升教学体验。学生可在线完成作业，巩固所学知识，提高学习效率。

在编写本书的过程中，编者参考了大量有关汽车智能制造的资料，并引用了部分文章和图片等。这些引用的资料大部分已获授权，但由于部分资料来自网络，我们未能确认出处，也暂时无法联系到原作者。对此，我们深表歉意，并欢迎原作者随时与我们联系，我们将按规定支付酬劳。

由于编者水平有限，书中存在的疏漏与不妥之处，敬请广大读者批评指正。

目 录 CONTENTS

模块一　了解汽车智能制造基础 / 1

模块导入 / 2

单元一　汽车智能制造的基本概念 / 2
　一、汽车智能制造的定义 / 2
　二、汽车智能制造的特点 / 2
　三、汽车智能制造的意义 / 3

单元二　我国汽车智能制造的发展 / 4
　一、我国汽车智能制造的发展背景
　　及驱动因素 / 4
　二、我国汽车智能制造发展面临的挑战 / 5

学习成果检验 / 7
学以致用——看图说史 / 8
学习成果评价 / 9

模块二　认识汽车智能制造信息技术 / 11

模块导入 / 12

单元一　工业大数据技术 / 13
　一、工业大数据概述 / 13
　二、工业大数据的关键技术 / 15
　三、工业大数据技术在汽车智能制造中的
　　应用 / 16

单元二　云计算技术 / 17
　一、云计算概述 / 17
　二、云计算的关键技术 / 18
　三、云计算技术的特点 / 19
　四、云计算技术的架构 / 20
　五、云计算技术在汽车智能制造中的应用 / 22

单元三　数字孪生技术 / 23
　一、数字孪生技术概述 / 23
　二、数字孪生系统的架构 / 25
　三、数字孪生的关键技术 / 26
　四、数字孪生技术在汽车智能制造中的应用 / 27

单元四　人工智能技术 / 29
　一、人工智能技术概述 / 29
　二、人工智能技术的研究领域 / 30
　三、人工智能技术在汽车智能制造中的应用 / 32

学习成果检验 / 35
学以致用——知识竞赛 / 36
学习成果评价 / 37

模块三 熟悉汽车智能制造识别技术 / 39

模块导入 / 40
单元一　射频识别（RFID）技术 / 40
　　一、RFID技术概述 / 40
　　二、RFID系统的组成 / 42
　　三、RFID技术在汽车智能制造中的应用 / 43
单元二　机器视觉技术 / 45
　　一、机器视觉技术概述 / 45
　　二、机器视觉的关键技术 / 47
　　三、机器视觉技术在汽车智能制造中的
　　　　应用 / 48
单元三　无损检测技术 / 49
　　一、无损检测技术概述 / 49
　　二、无损检测技术的分类 / 49
　　三、无损检测技术在汽车智能制造中的
　　　　应用 / 51
单元四　工业物联网技术 / 53
　　一、工业物联网技术概述 / 53
　　二、工业物联网技术在汽车智能制造中的
　　　　应用 / 56
学习成果检验 / 58
学以致用——案例分析 / 60
学习成果评价 / 61

模块四 掌握汽车智能制造加工技术 / 63

模块导入 / 64
单元一　工业机器人技术 / 65
　　一、工业机器人概述 / 65
　　二、工业机器人的分类 / 68
　　三、工业机器人技术在汽车智能制造中的
　　　　应用 / 71
单元二　3D打印技术 / 74
　　一、3D打印技术概述 / 74
　　二、3D打印技术的基本工艺 / 75
　　三、3D打印技术在汽车智能制造中的应用 / 79
单元三　数控加工技术 / 81
　　一、数控加工技术概述 / 81
　　二、数控机床 / 83
　　三、数控加工技术在汽车智能制造中的
　　　　应用 / 85
单元四　精密与超精密加工技术 / 87
　　一、精密与超精密加工技术概述 / 87
　　二、精密与超精密加工技术的影响因素 / 87
　　三、精密与超精密加工技术在汽车智能
　　　　制造中的应用 / 90
学习成果检验 / 93
学以致用——应用举例 / 95
学习成果评价 / 96

模块五 认识汽车智能制造管理系统 / 97

模块导入 / 98

单元一 产品全生命周期管理（PLM）系统 / 98
    一、PLM系统概述 / 98
    二、PLM系统的意义 / 99
    三、PLM系统的模块及其功能 / 99
    四、PLM系统的软件 / 100

单元二 企业资源计划（ERP）系统 / 102
    一、ERP系统概述 / 102
    二、ERP系统的模块及其功能 / 103
    三、ERP平台式软件 / 108

单元三 制造执行系统（MES） / 109
    一、MES概述 / 109
    二、MES的模块及其功能 / 111

单元四 供应链管理（SCM）系统 / 113
    一、SCM系统概述 / 113
    二、SCM系统的功能 / 113
    三、供应链管理的基本原则与程序 / 114

单元五 信息物理系统（CPS） / 116
    一、CPS概述 / 116
    二、CPS的架构 / 117

学习成果检验 / 121
学以致用——调查研究 / 124
学习成果评价 / 126

模块六 了解汽车智能制造的应用 / 127

模块导入 / 128

单元一 上汽乘用车宁德智能工厂 / 128
    一、智能工厂概况 / 128
    二、智能工厂建设成效 / 130

单元二 华晨宝马数字化工厂 / 132
    一、智能数据分析 / 132
    二、智慧物流 / 134
    三、自动化创新 / 135

学习成果检验 / 138
学以致用——案例分析 / 139
学习成果评价 / 140

参考文献 / 141

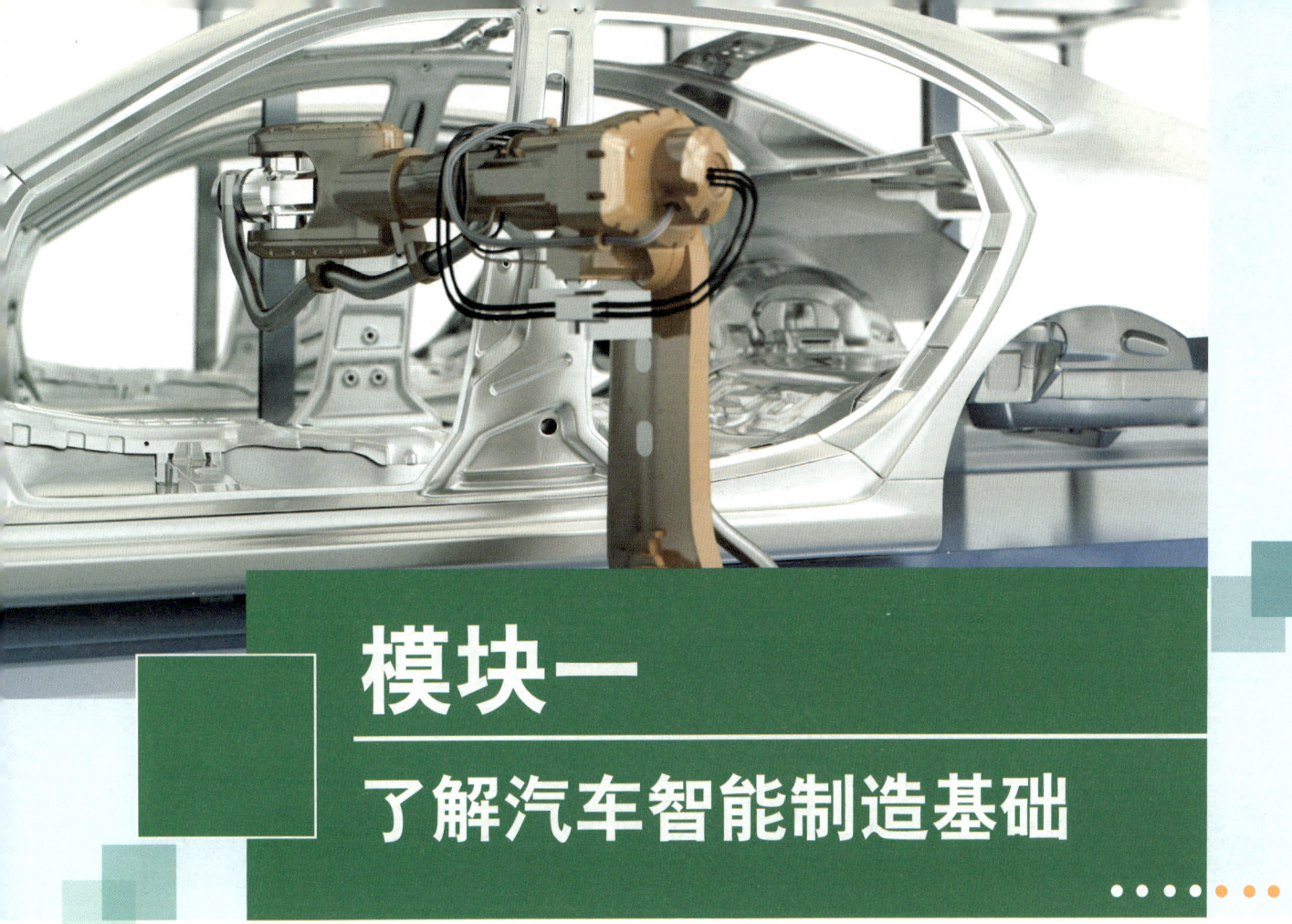

模块一
了解汽车智能制造基础

模块导读

随着工业4.0的到来,制造业开始发生变革。汽车制造业更是紧跟工业变革的脚步,进行着深度调整和变革,引领着制造业转型升级。近年来,人工智能、工业物联网、3D打印等新兴技术在汽车智能制造中得到广泛应用,汽车制造业正在经历着一场伟大的革命。

学习目标

知识目标

1. 了解汽车智能制造的基本概念。
2. 熟悉汽车智能制造的发展。

技能目标

1. 能总结出汽车智能制造的特点。
2. 能总结出我国发展汽车智能制造所面临的挑战。

素质目标

1. 养成好学上进、拼搏创新的精神。
2. 树立团队协作意识。
3. 具备独立分析问题、解决问题的能力。

模块导入

  车企建立品牌形象不能只是单纯地打造高大上的人设,而是要采用"愿景型"战略,前瞻布局,真正打造出面向未来,能够引领消费者的企业品牌。长城汽车就深谙此道,已开始着重关注造车领域的智能革命。

  为了实现智能制造,长城汽车一直在加大投入,或自研技术,或对外投资,终于在2022年打造出了自动化和数字化高效结合的智慧工厂。

  什么是汽车智能制造呢?接下来让我们共同去了解一下。

(资料来源:长城汽车官方网站,有改动)

单元一　汽车智能制造的基本概念

一、汽车智能制造的定义

  汽车智能制造是指基于先进信息技术、先进加工技术等的深度融合,贯穿于设计、生产、管理、服务等制造活动的各个环节,具有自感知、自学习、自决策、自执行、自适应等功能的新型汽车生产方式。换而言之,汽车智能制造为完全集成和协作的制造系统,可以有效满足用户对汽车的动态需求,缩短汽车研制周期,降低运营成本,提高生产效率,提升汽车质量,降低资源和能源消耗。通过汽车智能制造,还可实现人、设备及产品的实时联通。

  例如,在移动客户端,用户计划购买一台汽车,可以在选择车型后自主选择喜欢的车漆颜色、轮毂款型、内饰材料等,然后直接下单,选购的汽车在经过设计、采购、生产、质检、物流等环节后送达用户。用户在使用期间发现的任何问题都可以在移动客户端反馈,相关部门会根据采集到的用户大数据,对汽车的部件、系统、性能等做优化,以提升汽车品质,同时满足消费市场的需求。

二、汽车智能制造的特点

  汽车智能制造的特点有以下五个方面。

1. 制造现场无人化

  汽车智能制造的"智能"首先体现在无人工参与方面。在离散生产现场,数控加工中心、工业机器人、三坐标测量仪及其他柔性化制造单元等可以进行自动排产

汽车智能制造,
智慧藏在无人处

调度，达到无人值守的全自动化生产模式，整个生产过程无须人工参与。

 小贴士

> 离散生产是针对由许多零件构成的产品而言的一种生产方式，因为各零件的加工装配过程是彼此独立的，所以整个产品的生产工艺是离散的，制成的零件通过部件装配和总装配，最后成为成品。

2. 生产决策数据化

在智能制造的背景下，信息技术能渗透到汽车制造的各个环节，生产现场可以实时获得大量生产数据。利用大数据技术对这些生产数据进行分析，可做到实时纠偏并及时制定生产决策，以便达到最优的生产模式。

3. 生产设备网络化

在汽车制造过程中，各种生产设备可借助物联网，实时采集所需要的各种生产数据，实现物与物、人与物的全面互联，以方便识别、管理和控制。

4. 生产信息绿色化

传统汽车制造业在生产过程中会产生大量纸质文件，不仅浪费资源，而且存在数据查找不便、追踪耗时等问题。生产文档进行无纸化管理后，工作人员在生产现场即可快速查询、浏览、下载所需要的生产信息，生产过程中产生的资料也能够及时进行归档保存，提高了生产准备效率和生产作业效率，实现绿色、无纸化生产。

5. 生产过程透明化

通过智能制造，可以实现汽车制造的制造工艺仿真化、过程控制数字化、状态监测实时化，让汽车生产过程更加透明，进而实现整个制造过程的智能管控。

三、汽车智能制造的意义

1. 汽车智能制造是我国汽车制造业发展的重要方向

随着经济和生产技术的迅猛发展，汽车更新换代频繁，用户多样化、个性化的消费需求逐渐呈现，车企之间的竞争也越发激烈，这就要求车企具有对汽车更新换代快速响应的能力，还要能够满足用户个性化的需求，同时具备成本低、效率高、交货快的优势，而之前传统的大规模自动化生产方式已不能满足这种时代进步的需求。

因此，全球汽车制造业兴起了新一轮的变革，即汽车智能制造。在生产方式上，汽车智能制造呈现数字化、网络化、智能化等特征；在分工方式上，汽车智能制造呈现出服务化、专业化、一体化等特征；在商业模式上，汽车智能制造转向以用户为中心，注重用户的体验和个性化需求。汽车智能制造已成为汽车制造业发展的客观趋势，众多知名车企正在其全球各地的工厂大力推广和应用。

2. 汽车智能制造是我国汽车制造业高端化的重要路径

我国是制造大国，"中国制造"的标签无处不在，全球平均每4辆车中就有一辆产自中国。有数据显示，自2009年起，中国已成为全球最大的汽车产销国，但我国的汽车制造"大而不强"。在全球经济与科技高速发展的大趋势下，汽车智能制造已成为全球汽车制造业不可阻挡的发展方向。为抢占全球先进制造的战略制高点，我国只有加快推进信息技术与加工技术的深度融合，大力推进汽车智能制造技术的研发及其产业化水平，不断"提质增效"，才能将潜在的生产力转化为现实生产力，最终实现智能制造，从制造大国迈向制造强国。

单元二　我国汽车智能制造的发展

一、我国汽车智能制造的发展背景及驱动因素

1. 我国汽车智能制造的发展背景

近年来，中国经济已由高速增长阶段转入高质量发展阶段。尽管制造业产值在全国GDP总量中的比重呈下滑趋势，但以制造业为代表的实体经济仍是中国经济高质量发展的核心支撑力量。汽车制造业作为制造业的重大载体，存在资源利用率偏低、劳动力成本较高、行业信息化水平不高等问题。例如，由于产供销多方信息不畅，车企难以形成协调统一的产供销体系，导致库存量高、库存结构不合理、交付时间不准确，从而造成库存资金占用大，影响经营质量与客户满意度。面对这样的困局，汽车制造业的破局手段只有智能升级。我国汽车智能制造目前仍处于尝试和示范阶段，汽车制造的自动化和信息化正在逐步布局。

2. 我国汽车智能制造的驱动因素

汽车智能制造在我国能形成强劲的发展势头，其背后有以下三个重要的驱动因素。

1）人工成本

我国劳动力人口总量从2012年开始持续下降，人口老龄化导致我国劳动力优势减弱。2021年，中国车企就业人员平均工资达到12.97万元/年，分别是泰国和越南的2.14倍和3.51倍。

随着我国劳动力优势逐渐丧失，车企面临着人工成本越来越高的压力，同时工业机器设备的成本回收期在不断下降，与人工成本的上升趋势形成剪刀差，机器代替人工的经济性临界点将至。

2）国际发展态势

新一轮的科技革命引发了全球汽车制造业的智能化转型升级，并将改变全球经济与科技竞争的总体格局。这一国际发展态势也促使我国汽车制造业加速推进汽车智能制造的创新发展。

3）全网时代的到来

全网时代的鲜明特征是信息化，即信息技术不断创新，数字化、网络化、智能化更加深入发展，信息革命正从技术产业革命向经济社会变革加速演进，世界经济数字化转型成为大势所趋，这为汽车智能制造带来重大机遇。新一代的人工智能在全网时代下出现和发展，可实现人、机、物之间的即时交互，这将推动汽车制造业迈入智能制造的新时代。

二、我国汽车智能制造发展面临的挑战

我国汽车制造业尚处于工业2.0～3.0阶段，距离工业4.0还有一定差距，智能化发展的基础比较薄弱，亟待提升。我国汽车智能制造发展主要面临以下几大挑战。

1. 核心技术与装备发展滞后

目前，我国汽车智能制造的发展侧重技术追踪和技术引进，原始创新力不足，核心技术的研究能力相对薄弱，同时对引进技术的消化吸收力度不够，关键技术自给率较低。此外，用于汽车研发生产的高端设备也存在着制约，难以满足汽车智能制造的发展需求。

2. 网络化基础设施建设不足

汽车智能制造的核心需求是提升现有的网络性能，以保证延迟时间短、可靠性高及服务质量高。为满足智能制造对网络的"高精度、低延时、多开发、大容量及低功耗"的需求，需要搭建服务于智能制造的宽带化、泛在化的网络，并构建云管协同、云网融合的"网络+云"的基础设施。

3. 信息安全保障能力有待提升

汽车智能制造需要信息企业与车企的深度合作，这使得企业信息安全的范围从传统的IT系统延伸到了工业系统，而工业系统本身存在的安全漏洞加上物联网化带来的安全威胁，成为实现汽车智能制造在管理上的新挑战。目前，工业信息服务流程管理和信息安全管理已经不能完全适用于大数据的工业时代需求，因此当前迫切需要深入变革，建立功能完善的网络信息安全系统。

4. 智能制造人才短缺

首先，我国汽车智能制造的人才结构不合理，高技能人才和领军人才短缺，且相关行业缺乏针对汽车智能制造人才发展的统筹规划和分类指导；其次，我国相关人才培养投入总体不足，培养或培训机构建设滞后，工程教育实践环节薄弱，企业在人才培养中的主体作用尚未充分发挥，积极性不高；再次，相关技术技能人才的社会地位和待遇整体较低。面对汽车智能制造的发展机遇，企业迫切需要高素质的

生于忧患，
永不退场

人才队伍提供支撑，依靠人才助推发展，加快形成人才优势，努力实现大规模人力资源向高素质人才资源的转变。

视野拓展

生于忧患，永不退场

长城汽车——我们的国产汽车品牌，旗下有哈弗、摩卡、拿铁等子品牌，是品牌种类众多、销售规模巨大的汽车生产经销商，在全球化汽车市场中占据一席之地。

目前，中国汽车制造业乃至整个制造业，都面临全新的挑战。向内看，智能、绿色变革的加速推进，改变着企业传统的经营模式；向外看，国际市场复杂程度加剧，全球化仍是不小的挑战。在这样的时刻，真正提升品牌的整体价值，做好品牌向上工作，已成为企业谋求未来发展的必修课。而长城汽车多层面、多维度的向上实践，为更多企业提供样本、开辟思路，助力中国自主品牌的持续向上探索。

如今，汽车制造业迎来智能化与电动化浪潮，时刻有忧患意识的"造车老将"，长城汽车集团的董事长魏建军并不安于现状，而是在2020年长城汽车成立30周年之际发出了汽车圈的著名一问："长城汽车还活得过明年吗？"这一问，问的是长城汽车将走向何方，问的也是魏建军和全体"长城人"在巨大变革面前的魄力、定力和努力。

答案很快浮出水面。

2021年，长城汽车率先发布"2025战略"，打响了中国车企走向新能源智能化赛道的第一枪，这份底气来自长城汽车多年来在智能化领域的精准布局。同年，魏建军率领的长城汽车又陆续加码纯电、氢能和混动三大技术的研发投入，成为中国新能源产业链布局范围最广的企业之一。

在智能生态领域，魏建军还对众多企业进行了战略投资，正式进军第三代半导体核心产业，并建设了产品数字化中心、毫末智行、仙豆智能、诺创科技四个智能化组织，实现了从人工智能技术到大算力芯片的生态全线扩充。彼时，"软件定义汽车"成为行业共识。

据长城汽车2021年财报，2021年长城汽车研发投入达90.72亿元，同比增长76.05%，占总营收入6.65%，这样的投入力度稳居世界第一梯队。到2025年，长城汽车将累计投入研发费用共计1 000亿元。其中，新能源、芯片、人工智能等高新技术领域是重点投入方向。

在商场的刀光剑影下，总有人猝然离场，只能活在回忆中，也有人熬过了残酷厮杀，仍然享受着竞争的乐趣。而那份承着重压的执着，或许才是人与人之间真正的不同。

（资料来源：长城汽车官方网站，有改动）

笔记

_____
_____
_____
_____

学习成果检验

一、填空题

1. 汽车智能制造的特点有：_____、_____、_____、_____和_____。
2. 汽车智能制造发展的驱动因素是_____、_____和_____。
3. 汽车智能制造为_____和协作的制造系统，可以有效满足_____，缩短_____，降低运营成本，提高生产效率，提升_____，降低_____。通过汽车智能制造，还可实现人、设备及产品的实时联通。

二、判断题

1. 汽车智能制造可以缩短汽车研制周期。（　　）
2. 汽车智能制造增加了车企的运营成本。（　　）
3. 我国汽车智能制造已发展得十分成熟。（　　）
4. 汽车活动产生的数据为车企研发创新提供依据。（　　）
5. 汽车的智能制造不能进行自主决策。（　　）

三、简答题

1. 汽车智能制造的定义是什么？

2. 简述我国汽车智能制造发展面临的挑战。

学以致用——看图说史

一、活动描述

从汽车诞生至今,汽车制造业不断发展壮大,制造手段也不断升级,汽车已经从造价昂贵的奢侈品变成了现代生活中最常见的交通工具。

为了更加深入地了解汽车从传统制造发展到现在日趋智能化制造的过程,学习与传承汽车开拓者的拼搏精神,全班同学分组开展"看图说史"活动。每个小组通过网络或者书籍收集关于汽车制造的相关资料,结合资料选择一些具有代表性的图片或视频作为时间轴节点做成PPT。通过PPT讲解汽车制造的发展过程,并分析汽车在传统制造和智能制造方面的不同。(讲解时间最好不要超过10分钟。)

二、活动实施

(1)全班同学分成若干组,每组5~6人,并选出一名小组组长。

(2)小组组长分配成员完成收集资料、选择代表性图片或视频、制作PPT、讲解汇报等任务。具体执行过程可填写在下方空白处。

(3)将本次活动中遇到的问题、得到的经验等填写在下方空白处。

学习成果评价

各组成员根据本模块的学习情况及活动完成情况，完成下面的学习成果评价，如表1-1所示。

表1-1 学习成果评价表

姓名：_____   组号：_____   指导教师：_____

评价项目	评价内容	分值/分	教师评分/分
知识 （40%）	了解汽车智能制造的定义	8	
	掌握汽车智能制造的特点	8	
	熟悉汽车智能制造的意义	8	
	了解我国汽车智能制造的发展背景及驱动因素	8	
	了解我国汽车智能制造发展面临的挑战	8	
技能 （40%）	PPT版面精美、简洁	10	
	内容选取合理、全面	20	
	讲解流畅，有条理	10	
素养 （20%）	具有团队精神	5	
	准备充分，积极、认真参加活动	5	
	认真学习，按时完成学习、活动任务	5	
	具备独立分析问题、解决问题的能力	5	
自我评价			
教师评价			

模块二
认识汽车智能制造信息技术

模块导读

在汽车智能制造的过程中，对数据进行分析，充分挖掘其中的价值是智能制造的关键内容。利用以工业大数据、云计算、数字孪生和人工智能等技术为代表的新一代信息技术，对海量的跨地域、跨部门的数据信息进行处理分析，能提升企业对汽车全生命周期的管理，为企业实现智能制造发挥重要作用。

学习目标

知识目标

1. 了解工业大数据技术。
2. 熟悉云计算技术。
3. 认识数字孪生技术。
4. 了解人工智能技术。

技能目标

1. 能总结出工业大数据、云计算、数字孪生、人工智能等信息技术的关键技术。
2. 能总结出不同信息技术在汽车智能制造中的应用。

素质目标

1. 发扬刻苦钻研、脚踏实地的精神。
2. 树立终身学习的理念。
3. 养成追求卓越、精益求精的工作作风。

"智能吉利2025"战略

2021年11月吉利汽车集团(以下简称吉利)正式发布"智能吉利2025"战略。为保障战略全面落地实施,吉利将构建国际化研发体系,打造10个国际一流的重点实验室,加速信息技术成果转化落地,向智能时代转型。

在智能制造体系方面,吉利打造了"吉利工业云计算平台Geega"。它作为国家级特色专业型工业云计算平台已服务数十家集团企业,也在吉利15个业务应用场景中落地。该平台实施投产后,生产效率将提高22%,实现"源于制造,反哺制造"的生态循环。如图2-1所示为信息技术应用的缩影。

(a) 数据源于制造

(b) 数据反哺制造

图2-1 信息技术应用的缩影

新一代信息技术赋能汽车制造,可使吉利实现全链路智能制造和全球技术输出,最大化地降本增效。

那么什么是汽车智能制造信息技术呢?接下来我们共同了解一下。

(资料来源:中国江西网,有改动)

模块二　认识汽车智能制造信息技术

单元一　工业大数据技术

一、工业大数据概述

近年来，随着大数据的迅猛发展，数据量的暴涨成了汽车制造业面对的严峻挑战和宝贵机遇。于是，随着工业加工技术的进步和现代化管理理念的普及，车企的运营越来越依赖工业大数据技术。

1．工业大数据的来源

车企需要管理的数据量巨大，其主要来源于产品数据、运营数据、价值链数据和外部数据。

1）产品数据

产品数据包括设计、建模、加工、测试、维护、零部件配置和变更记录等产生的数据。

2）运营数据

运营数据包括组织结构、业务管理、生产设备、市场营销、质量控制、生产管理、采购管理、库存管理、目标计划和电子商务等数据。

3）价值链数据

价值链数据包括用户信息、供应商信息和合作伙伴信息等数据。

4）外部数据

外部数据包括经济运行数据、行业数据、市场数据和竞争对手数据等。

2．工业大数据的特征

工业大数据除具有一般大数据体量大、多样性、快速性和价值密度低的特征外，还具有时序性、关联性、准确性等特征。

1）体量大

工业大数据的体量比较大，由于大量机器设备的高频数据和互联网数据的持续涌入，大型企业的工业数据量可达到 PB 数量级甚至 EB 数量级。

> **小贴士**
>
> PB 和 EB 都是较高级的存储单位。其中，PB 是指 PetaByte，1 PB = 1024 TB；EB 是指 ExaByte，1 EB = 1024 PB。

2)多样性

多样性指工业大数据类型的多样性和来源广泛性。工业大数据广泛分布于机器设备、工业产品、管理系统和互联网等,并且结构复杂,既有结构化和半结构化的传感数据,也有非结构化数据。

小贴士

结构化数据是由二维表结构来表达逻辑和实现的数据,它严格地遵循数据格式与长度规范,主要通过关系型数据库进行存储和管理,常用于机器学习并驱动算法。

半结构化数据是结构化数据的一种形式,虽然它不符合关系型数据库或其他数据表的数据结构,但它包含相关标记,可用来分隔语义及对字段进行分层。

非结构化数据是没有预定义的数据类型,不方便用二维表结构表达。它包括所有格式的办公文档、文本、图片、HTML、各类报表、图像、音频和视频信息等。

3)快速性

快速性指工业大数据的获得和处理的速度快。工业大数据处理速度的需求多样,例如,生产现场要求数据的处理分析时间达到毫秒级。管理与决策应用则需要数据支持交互式分析或批量分析,时间要达到微秒级。

4)价值密度低

工业大数据的价值密度相对较低,且其价值密度与数据规模呈反比例关系,即数据的规模越大,价值密度越低。而工业大数据最大的价值则在于从大量低价值密度的数据中挖掘出对分析和预测等有价值的信息。

5)时序性

工业大数据具有较强的时序性,即数据是按时间顺序记录的,如订单、设备的状态数据等。

6)关联性

工业大数据的关联性体现在两个方面。一方面是汽车全生命周期同一阶段的数据具有强关联性,如产品零部件组成、设备状态、设备维修情况等;另一方面是汽车全生命周期中的研发、设计、生产和服务等不同环节的数据之间需要进行关联。

7)准确性

准确性主要指工业大数据的真实性、完整性和可靠性。企业关注数据质量,也关注数据处理和分析的技术及方法的可靠性。只有这样,企业才能进行正确的市场分析、合理的产品设计和及时的设备故障诊断等。

二、工业大数据的关键技术

为了获取工业大数据中有价值的信息,必须选择有效的方式来处理它。工业大数据技术一般包括工业大数据采集技术、工业大数据预处理技术、工业大数据存储技术和工业大数据分析技术。

1. 工业大数据采集技术

数据是从传感器、网络社交或论坛等渠道获得的信息。工业大数据采集技术是指通过传感体系、网络通信体系、智能识别体系及软硬件资源接入系统,实现对结构化、半结构化和非结构化的海量数据的智能化识别、跟踪、接入、传输、监控、初步处理和管理等。

工业大数据的采集技术

2. 工业大数据预处理技术

采集完大量数据后,需要对多种结构的数据进行分类,将一些复杂的数据转化为单一的数据类型,并过滤掉错误及无用的数据。这种在正式的数据处理之前对数据进行的一些处理称为工业大数据预处理技术。工业大数据预处理技术可以提高数据挖掘的质量,降低实际挖掘所需要的时间。大数据预处理有多种方法,分别为数据清理、数据集成、数据变换、和数据归约。

3. 工业大数据存储技术

工业大数据存储技术可为海量数据建立相应的数据库并随时管理和调用其中数据。相应的数据库包括键值数据库、列存数据库、图存数据库及文档数据库等,它们可以解决海量图文数据的存储及应用问题。

4. 工业大数据分析技术

工业大数据分析技术可对规模巨大的数据进行分析,主要包括以下内容。

1) 可视化分析

不管对于数据分析专家还是普通用户,可视化分析都是数据分析工具最基本的功能。

2) 数据挖掘

数据挖掘是指从大量的、不完整的、有噪声的、模糊的、随机的实际应用数据中,提取隐含在其中的、人们事先不知道但又是潜在有用的信息和知识的过程。

3) 预测性分析

预测性分析是指根据可视化分析和数据挖掘的结果做出一些预测性判断,从而指导业务决策。

4) 语义引擎

语义引擎是指分析语义中隐含的消息,并主动地提取信息。

三、工业大数据技术在汽车智能制造中的应用

工业大数据技术的创新和发展,使企业管理者和生产参与者可以对数据进行全面感知、收集、分析和共享,并发现看待产业链的全新视角。因此,工业大数据技术在汽车智能制造中有十分重要的应用,具体表现在以下几方面。

工业大数据在汽车制造中的应用

1．企业优化

工业大数据的核心作用在于它可以提升企业的运行效率。例如,在价值链方面,工业大数据及其相关技术可以帮助企业扁平化运行,加快信息在汽车生产制造过程中的流动。在制造模式方面,工业大数据技术可以帮助企业实现制造模式的改变,形成新的商业模式,如自动化生产、个性化制造、网络化协调及服务化转型等。

2．智能生产

在智能制造体系中,生产设备都将配备传感器抓取生产数据,进行实时监控。同时,这些生产数据会传递至控制中心,经云计算技术存储和分析后,形成决策反馈至生产设备,以指导生产。这样可使工厂升级为可管理和自适应调整的智能网络,使工业控制和管理最优化,使生产过程能够高效地进行。

3．自动诊断

在过去,汽车制造设备的自然磨损或故障会使新造出的汽车品质发生一定的变化。现在由于信息技术、物联网技术的发展,生产线可以通过传感技术实时获取大数据,了解设备出现什么故障、哪里需要更换配件等,并及时进行处理,以保证汽车品质,实现工厂高效运行。

4．降低能耗

从生产能耗角度看,在汽车的制造过程中,利用传感器监控所有的生产过程,能够发现能耗的异常或峰值情况,并通过数据分析,不断实时优化能源消耗。

5．大规模定制

想要满足消费者个性化需求,就需要通过互联网获取消费者的个性化定制需求。由于消费者数量大,且每个人需求不同,再加上需求不断变化,就构成了定制需求数据。当这些数据达到一定的数量级,就可以实现工业大数据技术的应用,包括数据的采集和管理、智能化制造、平台定制等。通过对工业大数据的挖掘,还可以实现市场预测、精准匹配、营销推送等,如图2-2所示。

6．降低成本

对汽车需求数据进行分析,将带来仓储、配送、销售效率的大幅度提升与成本的大幅下降,并将极大地减少库存,优化供应链。同时,利用销售数据、汽车的传感数据和供应商数据库等工业大数据,车企可以精准预测全球不同市场的需求,关注库存变化和销售价格,从而节约大量成本。

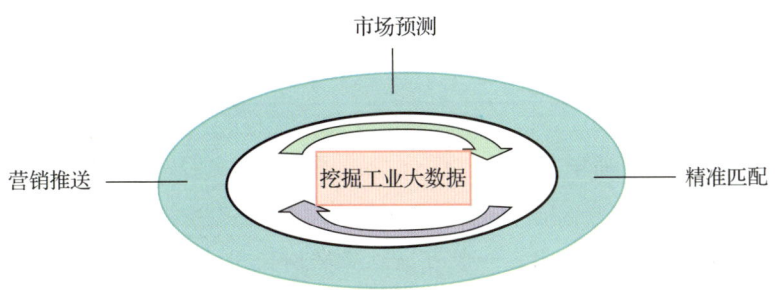

图2-2 挖掘工业大数据

单元二 云计算技术

一、云计算概述

云计算中的"云"是指一些可以自我维护和管理的虚拟计算资源，通常为一些大型服务器集群，包括计算服务器、存储服务器和宽带资源等。云计算可将所有的虚拟计算资源集中起来，采用动态的、可扩展的、虚拟化的方式处理这些资源并进行计算，然后将结果反馈给用户，它具有强大的存储能力和分部计算能力。云计算网络示意图如图2-3所示。

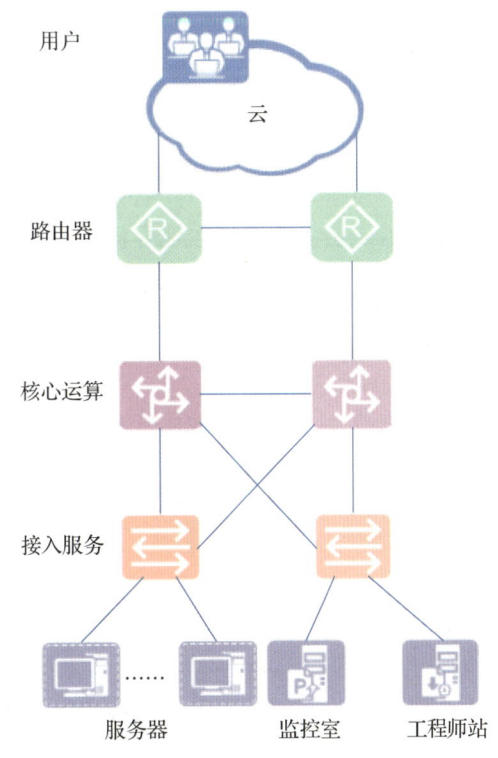

图2-3 云计算网络示意图

知识链接

"云"作为云计算技术中非常重要的一部分，按部署方式的不同可分为公有云、私有云和混合云。

公有云是向所有人提供服务的云，一般可通过互联网使用，可能是免费或成本低廉的，其核心属性就是共享资源。

私有云是针对特定客户群提供服务的云，能对数据的安全性和服务质量进行有效控制，可部署在企业数据中心的防火墙内，也可以部署在一个安全的主机托管场所，其核心属性是专有资源。

混合云融合了公有云和私有云，是近年来云计算的主要模式和发展方向。这是因为出于安全考虑，企业更愿意将数据存放在私有云中，但是同时它们又希望可以获得公有云的计算资源，在这种情况下混合云被越来越多地采用。

二、云计算的关键技术

云计算的关键技术有分布式计算技术、并行计算技术、分布式存储技术和热备份冗余技术。

1. 分布式计算技术

分布式计算技术可以将一个需要巨大计算能力并耗费很长时间才能解决的问题分成很多小部分，然后将这些小部分分配给许多计算机进行处理，最后再将这些计算结果综合起来得到最终结果，这样可节约大量时间，大大提高计算效率。

2. 分布式存储技术

分布式存储技术是一种新型存储技术，它将数据分散地存储在不同节点中，再建立各个节点之间的关系，这样可节约大量时间，提高数据存储效率。同时，这种技术的成本低，具有明显的经济优势。

3. 并行计算技术

并行计算技术是一种高效的数据计算技术，能够同时执行多条命令，既提高了计算速度，又提升了数据处理效率。在云计算中，分布式计算技术和分布式存储技术提高了数据处理速度，为并行计算技术提供了条件。

4. 热备份冗余技术

热备份冗余技术指由多个服务器并行运行，互为备份，当主服务器出现故障时，可以用备份服务器承担服务，从而在不需要人工干预的情况下，自动保证系统能持续提供服务。此外，在热备份冗余技术的支持下，故障部件的维护也不会影响整个系统功能的实现。

三、云计算技术的特点

1. 计算能力强

云计算技术应搭载在规模超大的服务器集群上。目前,著名的云计算公司已拥有几十万台甚至几百万台服务器。企业私有云一般拥有数百上千台服务器。云计算技术赋予了用户前所未有的计算能力。

2. 虚拟化

云计算技术支持用户在任意位置使用各种终端获取应用服务,这些应用服务来自"云",而不是固定的有形实体,用户无须了解应用服务运行的具体位置。

3. 可靠性高

云计算技术使用了数据多副本容错、计算节点同构可互换等措施来保障服务的高可靠性,使用云计算技术比使用本地计算机可靠。

4. 通用性好

云计算技术不针对特定的应用,它在"云"的支撑下可以构造出千变万化的应用,同一个"云"可以同时支撑不同的应用运行。

5. 扩展性高

"云"的规模可以动态伸缩,能满足应用和用户规模增长的需求。

6. 按需服务

"云"是一个庞大的资源池,可按需购买,可以像水、电、煤气那样计费。

7. 成本低廉

由于云计算技术的特殊容错措施可以采用极其廉价的节点来实现,其自动化集中式管理可使大量企业无须负担日益高昂的数据中心管理费用,其通用性也使资源的利用率较之传统系统大幅提升,因此,用户可以充分享受其低成本优势,通常只要花费几百元、几天时间就能得到之前需要数万元、数月时间才能得到的服务。

8. 有潜在的危险性

云计算技术除了提供计算服务外,还提供存储服务。但是云计算服务当前多数垄断在私人机构中,虽然云计算中的数据对于数据所有者以外的其他用户而言是保密的,但是对于提供云计算的机构而言,却是毫无秘密可言,而它们仅仅能够提供商业信用,因此企业选择云计算服务时应保持足够的警惕。

四、云计算技术的架构

云计算技术的架构分为云服务层和云管理层两大部分。

1. 云服务层

云服务层可对大数据进行挖掘、分析和运行,通过服务窗口与使用者进行交互,将得出的结果可视化,即将可见的数据技术和服务展示给用户。云服务层是云计算技术的核心,可分为三个子层:基础即服务层、平台即服务层、软件即服务层。

1)基础即服务层

基础即服务(IaaS)层可提供基础硬件设施部署服务,即根据用户需求提供计算量和网络资源,同时也可为平台即服务层和软件即服务层提供基础支撑。基础硬件通常为服务器组成的数据中心,如图2-4所示为某数据中心的缩影。

图2-4 某数据中心的缩影

2)平台即服务层

平台即服务(PaaS)层可提供服务管理和应用程序的部署平台,其主要面向开发者和程序员。例如,开发者只需要上传程序的源代码,通过PaaS层的软件工具和开发语言使程序运行,而不需要关注硬件的管理及维护等问题。

3)软件即服务层

软件即服务(SaaS)层可提供其有特定商业功能的软件服务,即平台供应商将应用软件统一部署在自己的服务器上,用户可以根据实际需求,通过互联网向供应商订购所需的应用软件服务。

小贴士

　　从用户角度而言，这三层服务之间是相互独立的，因为它们提供的服务是完全不同的，而且面对的用户也不尽相同。但从技术角度而言，这三层服务之间有一定的依赖关系。例如，一个 SaaS 层的产品和服务不仅需要用到 SaaS 层本身的技术，而且还依赖 PaaS 层所提供的开发和部署平台，或者直接部署于 IaaS 层所提供的计算资源上。另外，PaaS 层的产品和服务也很有可能构建于 IaaS 层服务之上。

2. 云管理层

　　云管理层是云服务层的基础，可提供多种管理和维护方面的功能和技术，有效地管理整个云计算中心，确保其能够安全、稳定地运行。云管理层的架构如图 2-5 所示。

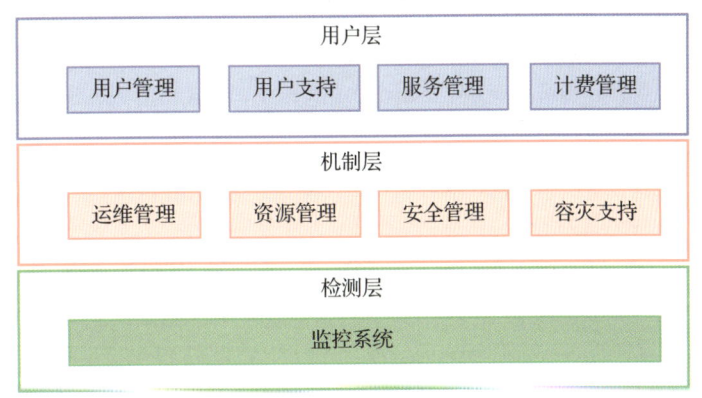

简单了解云层管理

图 2-5　云管理层的架构

1）用户层

　　用户层主要面向使用云的用户，并通过多种功能来更好地为用户服务。用户层共包含四个模块，分别为用户管理、用户支持、服务管理和计费管理。各模块的具体功能如表 2-1 所示。

表 2-1　用户层各模块的具体功能

用户层模块	功能说明
用户管理	用户管理主要有两种功能。一是账号管理，包括对用户身份及访问权限进行管理；二是单点登录，即用户只需登录一次就可以访问所有已购买的应用系统
用户支持	确保用户在使用云计算过程中出现的问题，能按其严重程度或者优先级来依次进行解决，提高用户体验的效果
服务管理	云计算由许多服务组成，管理好这些服务，使其通过定义好的接口连接起来，以便更好地被用户使用
计费管理	利用底层监控系统所采集的数据来对每个用户所使用的资源和服务进行统计，并提供完善、详细的报表，以便准确地向用户计取费用

2）机制层

机制层主要提供各种用于管理云的机制。通过这些机制，能让云计算中心内部的管理更自动化、更安全和更环保。机制层包括运维管理、资源管理、安全管理和容灾支持四个模块。各模块的具体功能如表2-2所示。

表2-2 机制层各模块的具体功能

机制层模块	功能说明
运维管理	自动维护：通过专业化和自动化的运维操作，降低云计算中心的运维成本 能源管理：自动关闭闲置资源，根据负载来调节CPU的频率以降低功耗；提供数据中心整体功耗的统计图与机房温度的分布图等，来提升能源的管理，并相应地降低浪费 事件监控：通过监控数据中心的各项参数，确保任何服务器出现的异常都能被及时处理
资源管理	集中管理：将数量庞大的资源集中到一个虚拟池中进行管理 自动部署：自动化创建资源并使用 资源调度：流量突发异常时，能自动调整虚拟空间中的资源运行情况，从而起到均衡负载的作用
安全管理	对数据、应用和账号等资源进行全面保护，使其免受不法分子和恶意程序的侵害，并保证基础设施及其提供的资源能被合法地访问和使用
容灾支持	在数据中心层面，异地建立备份数据中心以保证在断电、火灾、地震或者网络中断等事故发生时，整个云服务也能持续运行，即主数据中心发生问题时，备份数据中心会自动接管在主数据中心中运行的服务 在物理节点层面，当某个物理节点出现问题时，系统会试图恢复它或将其屏蔽，以确保相关云计算正常运行

3）检测层

检测层主要监控云计算中心的方方面面，并采集相关数据，以供用户层和机制层使用，主要涉及以下三个层面。

（1）物理资源层面：主要监控物理资源的运行状况，如CPU使用率、内存利用率和网络宽带利用率等。

（2）虚拟资源层面：主要监控虚拟机的CPU使用率和内存利用率等。

（3）应用层面：主要记录应用每次请求的响应时间和传送数据的数量，判断它们是否满足预先设定的级别。

五、云计算技术在汽车智能制造中的应用

汽车智能制造是云计算技术重要的应用领域。云计算技术主要应用在数据存储、企业管理、信息交流、汽车研发等方面。

1. 数据存储

云计算技术能给车企提供分散、分步、分时、分区域的数据存储方式，并在汽车的整个生产周期中

对数据进行整体管理、灵活调用。同时，它还能为智能制造提供查询、实时监管、仿真、渲染、量级归档等服务。

2. 企业管理

云计算技术可为车企建立完善的数据体系和信息共享机制，从而提升管理的信息化与自动化程度，实现经营管理的优化。

3. 信息交流

云计算技术可以灵活多样的形式建立在线交流平台，各车企、用户、专家可在此平台上进行知识收集、经验分享、专业咨询和权威辅导。此外，在线交流平台还可向车企推送消息，使车企随时随地了解最新的行业政策，知晓国内外的行业动向。同时车企也可在该平台上发布相关信息实现品牌推广。

4. 汽车研发

云计算技术能通过聚合顶端的设计资源和设计人才，来实现汽车设计、仿真验证、快速成形的研发过程，并从技术角度实现计算机辅助设计、计算机辅助工程等先进设计工具与制造的有机融合。云计算技术也可为车企提升研发水平和市场竞争力提供支持。

单元三　数字孪生技术

一、数字孪生技术概述

1. 数字孪生

数字孪生又称为数字双胞胎、数字化映射等，是在现有的虚拟制造、数字样机等基础上发展而来的。数字孪生指充分利用物理模型、传感器、运行历史等数据，集成多学科、多物理量、多尺度、多概率的仿真过程，在虚拟空间中完成映射，从而反映出相对应的实体装备的全生命周期过程。数字孪生是一种超越现实的概念，也可被视为一个或多个重要的、彼此依赖的装备系统的数字映射系统。

数字孪生技术能实现从产品设计、生产计划到制造执行的全过程数字化，并将产品制造效率和有效性提升至一个新高度。

2. 数字孪生体

数字孪生体是物理实体的工作状态和工作进展在虚拟空间全要素重建的数字化映射，是基于实体集成的多物理、多尺度、超写实的动态仿真模型。

数字孪生体具有多种特性，主要包括虚拟性、唯一性、多物理性、多尺度性、层次性、集成性、动态性、超写实性、可计算性、概率性和多学科性等。

1）虚拟性

数字孪生体是物理实体在信息空间的数字化映射模型，是一个虚拟模型，属于信息空间，不属于物理空间。

2）唯一性

一个数字孪生体对应一个物理实体。

3）多物理性

因为数字孪生体是具有实体物理特性的数字化映射模型，所以它不仅需要描述实体的几何特性（如形状、尺寸、公差等），还需要通过理论模型来描述实体的多种物理特性，这些理论模型包括结构动力学模型、热力学模型、应力分析模型、疲劳损伤模型等。

4）多尺度性

数字孪生体不仅可以描述物理实体的宏观特性（如几何尺寸），也可以描述物理实体的微观特性（如材料的微观结构、表面粗糙度等）。

5）层次性

组成物理实体的不同零件、部件、组件等，都可以具有其对应的数字孪生体。例如，汽车数字孪生体包括底盘数字孪生体、自动控制系统数字孪生体、动力控制系统数学孪生体等。这有利于实体数据和模型的层次化、精细化管理。

6）集成性

数字孪生体是多种物理结构模型、几何模型、材料模型等集成的模型，有利于从整体上对物理实体的结构特性和力学特性等进行快速仿真与分析。

7）动态性

数字孪生体在全生命周期的各环节可通过与物理实体的不断交互而不断改变和完善。例如，在实体制造环节采集的实体制造数据（如检测数据、进度数据）会反映在信息空间的数字孪生体中，而通过数字孪生体能够实现对物理实体制造状态和过程的实时、动态和可视化监控。

8）超写实性

数字孪生体与物理实体在外观、内容、性质上基本一致，写实性高，能够准确反映物理实体的真实状态。

9）可计算性

基于数字孪生体，可通过仿真、计算和分析实时地模拟和反映对应物理实体的状态和行为。

10）概率性

数字孪生体可以采用概率统计的方式进行计算和仿真。

11）多学科性

数字孪生体涉及计算机科学、信息科学、机械工程、电子科学、物理学等多个学科，具有多学科性。

二、数字孪生系统的架构

整体来看，一个典型的数字孪生系统应包含用户域、数字孪生体、测量与控制实体、现实物理域和跨域功能实体五个层级，如图2-6所示。

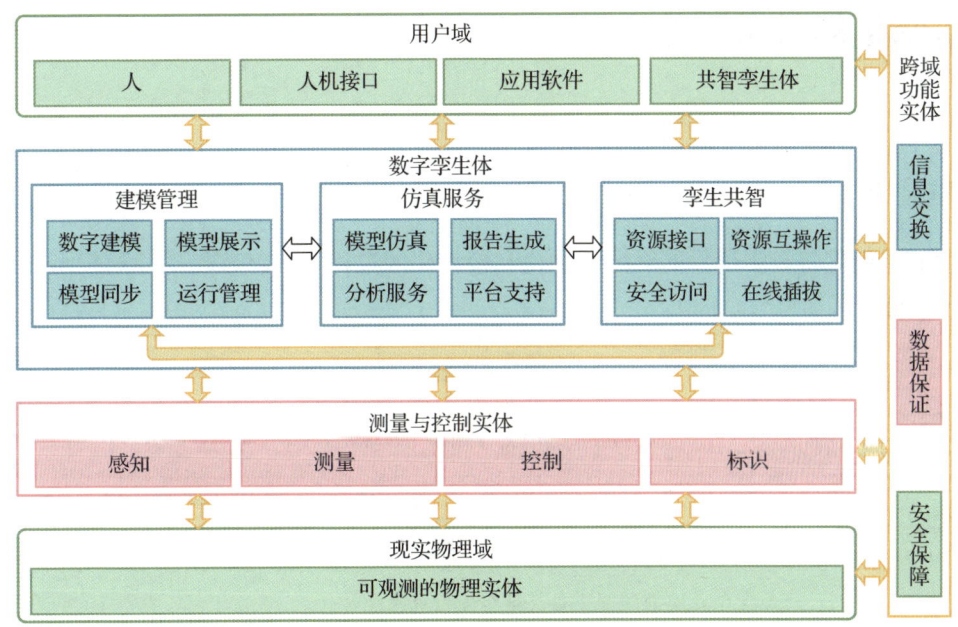

图2-6　数字孪生系统的架构

1．用户域

用户域包括人、人机接口、应用软件及共智孪生体，主要以可视化技术和虚拟现实技术为主，承担人机交互的职能。

2．数字孪生体

数字孪生体包括建模管理、仿真服务和孪生共智三部分，并能在这三部分之间传递状态感知、诊断和预测所需的信息。数字孪生体依托通用技术可实现模型构建与融合、数据集成、仿真分析、系统扩展等功能。

3．测量与控制实体

测量与控制实体主要涵盖感知、测量、控制、标识等技术，作用是承担数字孪生体与物理实体间上行感知数据的采集和下行控制命令的执行。

4．现实物理域

现实物理域可观测物理实体的数据流，并控制信息流的传递。

5．跨域功能实体

跨域功能实体是可以与用户域、数字孪生体、测量与控制实体和现实物理域分别进行信息交换的实体，并能为它们的安全运行提供保障。

三、数字孪生的关键技术

数字孪生的关键技术有建模技术、仿真技术、数字线程技术。

1．建模技术

数字孪生的建模是将现实世界的对象数字化和模型化的过程。数字孪生的建模模型包括生产模型、产品模型和工艺模型，如表2-3所示。

表2-3　数字孪生的建模模型

模型	说明
生产模型	生产模型分为静态模型和动态模型两种类型。其中静态模型是指生产模型的性能和功能，动态模型是指生产模型表现出来的生命周期和主要用途
产品模型	产品模型是建模过程中各类模型的外观模型
工艺模型	工艺模型可将各种工艺参数与产品设计属性联系起来，以反应生产模型与产品模型之间的交互作用

2．仿真技术

数字孪生的仿真是一种在线数字仿真技术。这种仿真技术可用软件建立含确定性规律和完整机理的模型来模拟物理世界。建立的模型拥有完整的信息和环境数据，可以正确地反映物理实体的特性和参数，对现实生产过程有着指导作用。

数字孪生的仿真技术与传统的仿真技术相比，不再仅仅用于降低测试成本，更强调物理系统和信息系统之间的虚实共融和实时交互，是贯穿全生命周期的高频次并不断循环迭代的仿真过程。数字孪生中的仿真技术可以通过模型进行分析、预测、诊断、训练等，并将仿真结果反馈给物理实体，从而对物理实体进行优化和决策。因此该仿真技术是创建和运行数字孪生体，保证数字孪生体与实体之间实现有效闭环的核心技术。

3. 数字线程

数字线程是在实体全生命周期中，可配置、可扩展、可组件化的连接模型和实体的通信框架。数字线程的目标就是在正确的时间，将正确的信息传递到正确的地方。

数字线程可将整个组织的实物、系统和模型连接起来，并呈现详细的信息流，如图2-7所示。使用数字线程，可以捕获每个步骤的相关数据，然后将其反馈给工程师。有利于工程师解决相关问题，并为后续改善产品设计和功能提供依据。

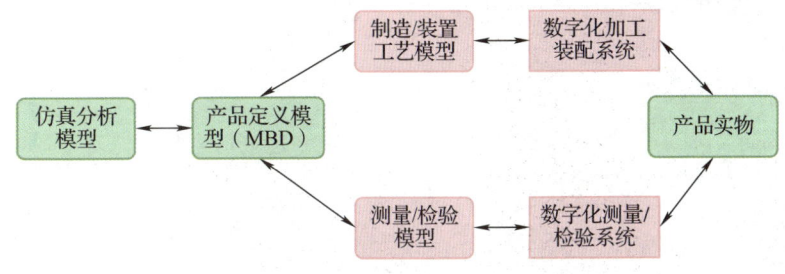

图2-7 信息经数字线程流动

四、数字孪生技术在汽车智能制造中的应用

数字孪生技术给汽车智能制造的创新和发展提供了新的理念和工具。对汽车智能制造的发展产生了巨大的推动作用。它在汽车智能制造中的应用主要体现在以下几个方面。

1. 预测

通过数字孪生体，可以在信息空间中对汽车的制造、功能和性能测试进行集成模拟、仿真和验证，预测汽车潜在的设计缺陷、功能缺陷和性能缺陷。针对这些缺陷，数字孪生体支持对应参数的修改，并可在此基础上对汽车的制造、功能和性能测试再次进行仿真，直至问题得到解决。

数字孪生：汽车制造的魔术师

2. 模拟

1）模拟行驶过程

在某型号汽车开始生产之前，使用其对应的数字孪生体，在搭建的虚拟仿真环境中模拟汽车的行驶过程，可以掌握数字孪生体在虚拟环境中的状态、行为、各部件运行参数，以及在设计阶段没有考虑到的问题，为后续实际生产汽车提供依据。如图2-8所示为汽车的数字孪生体。

2）模拟不同的环境

数字孪生体可通过改变虚拟环境的参数设置，来模拟汽车在不同服役环境下的运行情况，进而得出环境参数对汽车健康和寿命的影响。

3）模拟故障

数字孪生体可模拟和验证汽车不同的故障及损坏，对维护汽车健康和延长其服役寿命具有重要作用。

图2-8　汽车的数字孪生体

3. 监控

在汽车制造过程中，最新的制造数据（如汽车制造状态数据、环境数据）会实时地反映在数字孪生体中，通过数字孪生体可以实现对汽车制造过程的动态、实时、可视化监控。

4. 诊断

数字孪生技术可通过汽车生产过程中所得的实测监控数据和汽车运行的历史数据，为诊断故障和制订维修策略提供依据。

5. 控制

在汽车制造过程中，数字孪生体可通过分析制造过程的实时数据，实现对汽车质量和生产进度的控制，使生产过程达到最优；通过分析汽车运行时的内部和外部数据（环境数据、路面数据、自身部件的承压和润滑度等数据），实现对汽车自身状态和行为的控制，使汽车运行模式达到最优。

6. 改进机床

机床是汽车制造过程中的重要设备。随着消费者对汽车质量要求的提高，机床也面临着提高加工精度、减少次品率、降低能耗等严苛的要求。因此研发人员开发了机床的数字孪生体，以优化和控制机床的加工过程。

例如，利用CAD和CAE技术建立的数字孪生机床液压控制系统动力模型能够计算材料去除率和毛边的厚度变化，以及预测刀具破坏的情况，进而对加工过程进行优化。

单元四　人工智能技术

一、人工智能技术概述

人工智能（AI）是计算机科学的一个分支，它的目的是了解智能的实质，并生产一种新的、能以人类智能相似的方式做出反应的智能机器。

智能是人类所特有的、区别于一般生物的主要特征，可以解释为人类感知、学习、理解、和思考的能力，通常被解释为"人认识客观实物并运用知识或经验来解决实际问题的能力"。

人工智能是研究、开发用于模拟、延伸和扩展人的智能的理论、方法、技术及应用系统的一门新的技术科学。人工智能可以对人的意识、思维的过程进行模拟，它不是人的智能，但能像人那样思考并做出决策。

人工智能涉及控制学、语言学、神经学、心理学和哲学等学科，它试图改变人类的思维和生活习惯，延伸和解放人类智能，是一门有强大生命力的科学。

人工智能技术的发展共经历了推理搜索、知识库系统建立、机器学习、深度学习和强化学习五个阶段。

1）推理搜索

推理搜索是人工智能研究的早期成果，主要是通过推理和搜索等简单的规则来处理问题，能够解决迷宫、汉诺塔等简单问题。

2）知识库系统建立

计算机程序设计的快速发展极大地促进了人工智能技术的发展。随着计算机符号处理能力的不断提高，知识可以用符号结构表示，推理也可简化为对符号表达式的处理。这一系列的发展推动了知识库系统（或专家系统）的建立。但其缺陷在于知识描述非常复杂，且需要不断升级。

3）机器学习

随着研究的深入和方向的改变，人们发现人工智能的核心应该是使计算机具有智能，使其学会归纳和总结，能够在识别现有知识的基础上获取新知识和新技能，而不仅仅是演绎出已有的知识。于是，人们开始研究一种能够通过经验自动改进的计算机算法，即机器学习，它可以自主更新或升级知识库。

机器学习的本质是通过数学算法分析数据规律，学习相关规律，并利用这些规律进行预测和决策。

4）深度学习

深度学习是一种在机器学习的基础上，建立的对数据进行表征学习的方法，是机器学习研究中的一个新领域，其核心在于建立、模拟人脑进行分析学习的神经网络，并模仿人脑的机制来解释数据。深度学习与多层结构的学习算法相结合，能利用空间的相对关系，减少参数的数量，从而提高计算机的训练性能，使计算机能够收集、处理并分析庞大的数据，最终能通过自主学习来实现图像和语音识别等智能行为。

深度学习在视觉识别、语言识别、自然语言处理等方面取得了传统机器学习算法无法取得的成就。

5）强化学习

强化学习是一种在深度学习的基础上，进行智能试错训练的方法。强化学习可通过智能系统进行从环境到行为映射的学习，使奖励信号（强化信号）的函数值最大化。由于外界的信息很少，强化学习系统必须依靠自己的经验数据进行分析和自我学习，通过这种学习获取知识，并改进行动计划以适应环境。

二、人工智能技术的研究领域

人工智能技术是在计算机科学、控制论、信息论、心理学、语言学及哲学等多学科相互渗透的基础上，发展起来的一门新型边缘学科，主要用于研究机器如何实现人类智能行为，其研究领域主要有以下四个。

1. 智能感知

智能感知包括模式识别和自然语言理解。

1）模式识别

人工智能技术所研究的模式识别是指用计算机代替人类或帮助人类感知的系统，也就是使一个计算机系统具有能够模拟人类通过感官接受外界信息、识别和理解周围环境的感知能力。

2）自然语言理解

自然语言理解是让计算机通过阅读文本资料建立内部数据库，可以将句子从一种语言转换为另一种语言，实现从给定的指令中获取知识。其目的是建立一个可以理解和生成语言的软件环境。

2. 智能推理

智能推理包括问题求解、定理证明、知识库系统。

1）问题求解

问题求解是人工智能研究中最为突出的一个领域，主要涉及问题表示、搜索策略及归约策略的研究。例如，最具代表性的问题求解就是下棋程序，下棋程序是完全信息化的动态博弈，这类程序很容易实现。现有的人工智能技术在这方面已取得了较为辉煌的成就。

2）定理证明

定理证明在人工智能技术的发展中产生过重要的影响和推动作用。定理证明是指对前提 P 和结论 Q，证明 $P \rightarrow Q$ 的永真性。对于很多非数学领域的任务，如机器人规划和难题求解等，都可以将其转化为定理证明问题，故该领域的研究具有一定的普遍意义。

3）知识库系统

知识库系统是一种在特定领域内具有大量知识与经验的程序系统。人工智能技术可根据某个领域内一个或多个人类专家提供的知识与经验进行推理和判断，模拟人类专家求解问题的思维过程，以解决该领域内的各种问题。

3. 智能学习

智能学习是人工智能研究的重要方面，智能学习主要包括机器学习、人工神经网络和进化计算。智能学习是计算机获得智能的根本途径。

1）机器学习

机器学习研究的是使计算机获取新知识、识别现有知识、不断改善性能及实现自我完善的方法，使计算机像人一样具有获得知识的能力。

2）人工神经网络

人工神经网络是一种模仿生物神经网络的结构和功能的数学模型或计算模型。它能基于外界信息改变内部结构，像人一样拥有决定能力和简单的判断能力。

3）进化计算

进化计算可采用拟物或仿生的手段使算法达到最优，呈现出一定的自适应、自组织、自学习等智能的特征。

4. 智能行动

智能行动是人工智能技术应用最广泛的领域，也是最贴近生活的领域，包括机器人、智能检索等。

1）机器人

机器人是人工智能研究的一个综合试验场。通过为机器人配置视觉、听觉、嗅觉及触觉传感器，使之具有环境感知能力；配置履带、轮子及机械手等执行器件，使之具有行为能力；配置存储设备，使之具有记忆能力；配置通信模块，使之具有交流沟通能力；配置智能决策算法，使之具有思维及解决问题的能力。

2）智能检索

在信息化社会，如何从浩如烟海的文献资料库及互联网上迅速检索到需要的信息，是亟待解决的问题。传统的检索系统都是针对"词"精准匹配，其缺点在于不能充分发挥同义词与近义词的作用（如电脑与计算机），从而偏离人类的模糊语言体系，进而造成检索结果缺乏完整性。智能检索主要结合语义网与本体论等知识体系，着重研究上述问题的解决方案。

三、人工智能技术在汽车智能制造中的应用

在汽车智能制造的各个环节几乎都广泛应用了人工智能技术,体现了制造过程的智能化。下面以机器视觉技术和机器人的应用为例进行说明。

人工智能不仅仅是机器人

1. 机器视觉技术的应用

在汽车的涂装车间,机器视觉系统负责对每辆车的喷漆表面进行拍照和分析,100 s内可拍摄10万张照片。通过机器学习,该系统如同拥有了火眼金睛,能够越来越智能地识别漆面的微小瑕疵,以确保部件和涂漆车身完美无缺。

2. 机器人的应用

在汽车自动化生产线上,使用机器人代替传统的人力劳动,满足了生产效率和质量的双重要求。机器人能实现焊接、喷涂、装配、搬运、码垛等一系列的自动化生产工作。

如图2-9所示为汽车焊接车间,在这里焊接机器人可根据不同的汽车配件选用合适的焊接工艺,以保证焊接质量。

图2-9 汽车焊接车间

如图2-10所示为喷涂机器人在车体外表面进行喷涂作业。该机器人可以在开阔空间执行复杂运动轨迹,也可以伸入较小孔径进行喷涂作业,具备高灵活性。

图2-10 喷涂机器人在车体外表面进行喷涂作业

装配机器人可应用于整车装配流程，它能提高汽车零部件配合的精度，保证整车装配速度和质量，如图2-11所示。

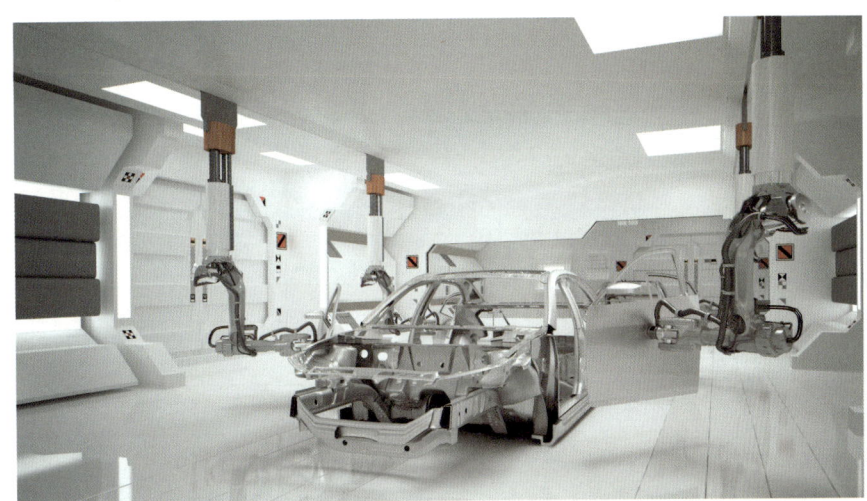

图2-11　装配机器人

 视野拓展

长春汽车产业集群踏上先进制造业新高地

在工信部2022年11月组织开展的先进制造业集群竞赛中，长春汽车产业集群在激烈的竞争中脱颖而出，入围制造业的"国家队"。

"先进"是衡量产业是否走向高质量发展的关键词。历经数十年发展，到底是怎样的"先进"，让长春汽车产业集群踏上了先进制造业新高地？

制造技术部总装车间高级主任钱浩介绍，一汽红旗繁荣工厂总装车间应用数字孪生技术实现了整车下线、数字车上线，智能网联覆盖率达到90%；首次采用车间级中控系统，实现了装配过程及检测过程全数据采集，关键工序实现100%防错。十大智能工序涵盖了整车前后风挡玻璃、座椅、轮胎、底盘等全自动装配工艺，机舱管路、胎压等采用AI视觉技术实现了全自动检测，整线装配自动化率达到30%。

不仅红旗品牌的智能制造水平被视为行业标杆，中国一汽位于长春的五大造车厂也以高度先进的智能制造水平，诠释着"吉林智造"的生动内涵。

2021年12月，一汽老厂区内一汽解放J7智能工厂正式落成。65年前，正是这里诞生了新中国第一辆汽车——解放CA10型载货车，结束了我国不能生产汽车的历史。

在一汽解放J7智能工厂内，巨大的"钢铁巨兽"——重型卡车，在高度智能化的生产流程中渐渐成型，被流畅地装配、调试、检验……这是一座世界级商用车整车"智"造基地，在生产、质量、设备、物流、能源等方面全过程广泛应用了数据采集及分析、信息智能推送与智能决策等行业前沿技术，使一汽解放快速驶入了高端化、智能化、国际化顶级汽车智能制造赛道。

整车制造是汽车产业集群的"龙头",紧随其后摆动着巨大的零部件上下游产业链条。整车智能制造水平的迅猛提升,舞动起全产业链的庞大活力,这是长春市汽车产业集群冲击先进制造业"高地"的底气所在。

(资料来源:人民网,有改动)

笔记

学习成果检验

一、填空题

1. 工业大数据的来源有：_____、_____、_____和_____。
2. 云计算的关键技术有_____、_____、_____和_____。
3. 数字孪生指充分利用_____、传感器、_____等数据，集成多学科、多物理量、_____、_____的仿真过程，在虚拟空间中完成映射，从而反应相对应的实体装备的全生命周期过程。
4. 人工智能共经历了_____、_____、_____、_____和_____五个阶段。

二、判断题

1. 工业大数据的数据量可多可少。（　　）
2. 云按部署方式的不同可分为有公有云和私有云。（　　）
3. 一个数字孪生体可以对应两个物理实体。（　　）
4. 人工智能机器可以像人那样思考并做出决策。（　　）

三、简答题

1. 工业大数据的特征是什么？

2. 云计算技术的特点是什么？

学以致用——知识竞赛

将全班学生分为10组，进行知识竞赛。竞赛以抢答的形式进行，分别设置一等奖1名，二等奖2名，三等奖3名，评分细则如下。

（1）竞赛只进行1轮，题型分为判断题、选择题和简答题。

（2）竞赛基础分为100分，其中选择题共10题，每题答对得4分，答错扣2分，共40分；判断题共10题，每题答对得3分，答错扣1分，共30分；问答题共5题，每题答对得6分，答错扣3分，共30分。

（3）主持人宣布"开始"后方可开始举手抢答，答题时间为30 s。提前举手抢答和在答题时间内未作答的均按答错处理，由剩余队伍继续举手抢答。

（4）答题时，可由本队任意一位队员主答，其余队员可辅助答题，但整队的最终结果应统一，否则按答错处理。

（5）若有题目没有队伍抢答，则此题作废，并由主持人公布正确答案。

知识竞赛
——题目示例

学习成果评价

各组成员根据本模块的学习情况及活动完成情况，完成下面的学习成果评价，如表2-4所示。

表2-4 学习成果评价表

姓名：_____ 组号：_____ 指导教师：_____

评价项目	评价内容	分值/分	教师评分/分
知识 （40%）	了解工业大数据技术	10	
	熟悉云计算技术	10	
	了解数字孪生技术	10	
	熟悉人工智能技术	10	
技能 （40%）	答题准确	20	
	知识阐述比较全面	10	
	表述清晰、有条理	10	
素养 （20%）	具有团队精神	5	
	准备充分，积极、认真参加活动	5	
	认真学习，按时完成学习、活动任务	5	
	具备独立分析问题、解决问题的能力	5	
自我评价			
教师评价			

模块三
熟悉汽车智能制造识别技术

模块导读

汽车智能制造识别技术指能自动获取信息,并利用相关知识和策略,采用实时动态建模、在线识别、人工智能等技术,对被测对象(过程)实现检测、监控、自诊断的技术。其包括射频识别技术、机器视觉技术、无损检测技术、工业物联网技术等。汽车智能制造过程中用到的识别技术可利用计算机及相关仪器实现检测过程的智能化和自动化。

学习目标

知识目标

1. 了解射频识别技术。
2. 熟悉机器视觉技术。
3. 了解无损检测技术。
4. 熟悉工业物联网技术。

技能目标

1. 能总结出射频识别、机器视觉、无损检测、工业物联网等技术的特点。
2. 能总结出不同识别技术在汽车智能制造中的应用。

素质目标

1. 树立终身学习的理念。
2. 养成团队协作意识。
3. 具备独立分析问题、解决问题的能力。

汽车智能制造概论

模块导入

在某车企的沈阳汽车生产基地内，生产过程形成了研发、采购、生产一体化的运行模式。车辆在智能制造的过程中一旦被识别技术监测到潜在的质量风险，整车质量管控部门会迅速联合研发、采购等部门实施预防性管控，同时根据风险评估情况决定管控范围，确保不合格的零件或车辆不会继续投入生产或抵达经销商。随后，整车质量部门在生产现场和供应商开展"质量追溯"，一旦问题得到解决，将在最短时间解除管控。通过一次次诸如此类的预防性措施，生产过程中的质量管控流程得到了不断优化，最大程度降低了潜在的质量风险。

请思考：汽车智能制造过程中有哪些识别技术呢？

（资料来源：懂车帝，有改动）

单元一　射频识别（RFID）技术

一、RFID 技术概述

RFID技术是自动识别技术的一种，它可通过无线射频方式进行非接触双向数据通信，并对记录信息的媒体（电子标签或芯片）进行读写，从而达到识别目标和数据交换的目的。目前，RFID技术广泛应用于各类电子标签或芯片的读写和管理中。

1. RFID技术的工作原理

在RFID系统中，射频识别部分主要由阅读器和标签两个部分组成，阅读器和标签之间的通信采用无线射频方式进行耦合。具体识别过程为标签进入磁场后，接收阅读器发出的射频信号，凭借感应电流所获得的能量发送存储在标签中的产品信息，或由标签主动发送某一频率的信号，阅读器读取信息并解码后，送至中央信息系统进行有关数据处理。

阅读器和标签之间的交互主要靠能量、时序和数据三方面来完成，如图3-1所示。

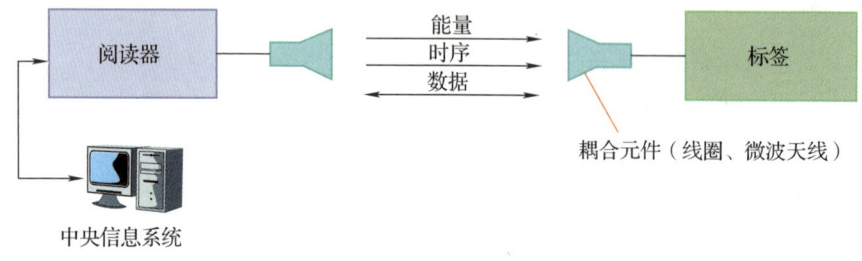

图3-1　阅读器和标签之间的交互

1）能量

阅读器产生射频载波可为标签提供工作所需的能量。

2）时序

阅读器与标签之间的信息交互通常采用询问-应答的方式进行,所以两者间必须有严格的时序关系,该时序由阅读器提供。

3）数据

阅读器与标签之间可以实现双向数据交换,阅读器向标签传送命令和数据时,通常采用载波调制、脉冲位置调制、编码解调等方法。标签采用对载波进行负载调制的方式向阅读器传送存储的数据信息。

根据阅读器与标签之间传输信息所使用频率的不同,RFID技术常见的工作频率分为四种,分别为低频、高频、超高频和微波,各个频率所使用的标签也各不相同。

2. RFID技术的特点

RFID作为一种特殊的识别技术,相比于传统的条码、插入式IC卡和生物(如指纹)识别技术,主要具有以下特点。

1）非接触识别

RFID是通过电磁耦合方式实现的非接触自动识别技术。

2）抗污染能力强

标签具有防水、防油污、耐化学腐蚀等特性,所以标签不易被破坏,使用寿命长。

3）识别速度快

只要标签进入阅读器的有效识别范围内,则会立即被读取数据,一般情况下,读取时间不超过 100 ms/次。

4）数据容量大

标签的数据容量庞大,远高于二维码和条形码的容量。未来物体所需携带的信息量会越来越大,对标签的需求量也会相应增加。

5）可动态操作

标签内的数据可以利用编程进行动态修改,并且只要标签所附着的物体出现在阅读器的有效识别范围内,阅读器就可以对其实现动态追踪和监控。

6）防冲突

在阅读器的有效范围内,它可以同时读取多个标签,且彼此数据不受干扰。

7）安全性高

标签可以任何形式附着在产品上，且可以为标签内的数据进行加密，提高了数据的安全性。

8）多学科性

RFID技术涉及计算机、无线数字通信、集成电路和磁场等众多学科。

> 根据射频信号耦合方式的不同，RFID技术可以分为电感耦合和反向散射耦合这两大类。
>
> 电感耦合也称为磁耦合，即阅读器和标签之间通过磁场（类似变压器）进行耦合，能量由阅读器通过射频载波提供。由于阅读器产生的磁场强度会受到电磁兼容性的限制，因此这类耦合方式一般应用在工作距离比较近的低频和高频RFID系统中。
>
> 反向散射耦合也称为电磁场耦合，其理论和应用基础来自雷达技术。当电磁波遇到空间目标（物体）时，其能量的一部分被目标吸收，另一部分以不同的强度被散射到各个方向。在散射的能量中，一小部分会反射回发射天线，并被该天线接收（发射天线也是接收天线）。天线对接收信号进行放大并处理，进而获取目标的有关信息。
>
> 由于目标的反射性通常随电磁波频率的升高而增强，因此反向散射耦合方式通常用在超高频和微波RFID系统中。

二、RFID 系统的组成

最简单的RFID系统只有一个阅读器，它每次对一个标签进行操作，如公交车上的刷卡系统；较为复杂的RFID系统需要一个阅读器同时对多个标签进行操作；更为复杂的RFID系统要解决多阅读器的处理问题，如多阅读器的网络连接等。

对于多数应用来说RFID系统由高层、阅读器、标签等部分组成，如图3-2所示。

两分钟读懂
RFID技术

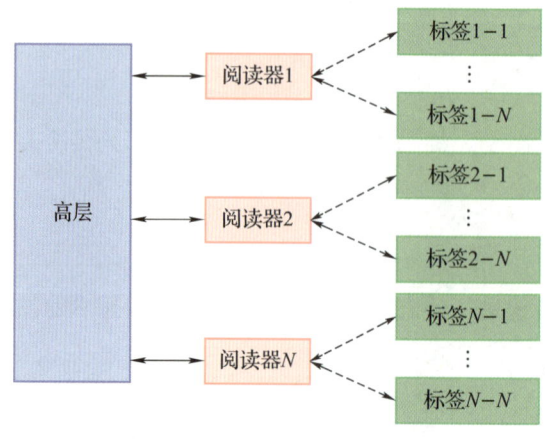

图3-2 RFID系统的组成

1. 高层

在由多阅读器构成的RFID系统网络架构中，高层是必不可少的。例如，采用RFID技术的世博会票务系统，需要在高层将多个阅读器获取的数据有效地整合起来，以提供数据查询、管理和交换等服务。

2. 阅读器

阅读器也称为读写器，是为标签提供能量、进行读写操作的设备。阅读器的频率决定了RFID系统工作的频段，其功率决定了射频识别的有效距离。

3. 标签

从技术角度看，标签是RFID的核心，阅读器也是根据标签的性能而设计的。目前，标签趋向微型化和高度集成化。

标签按照电源形式的不同，可以分为下列两种类型。

1）有源标签

有源标签使用电池或其他电源供电，不需要阅读器提供能量。它通常靠阅读器唤醒，然后切换至自身电源提供能量。

2）无源标签

无源标签没有电池供电，完全靠阅读器提供能量。

三、RFID技术在汽车智能制造中的应用

RFID技术在识别、感知、联网、定位等方面具有强大的功能，将RFID技术用于汽车智能制造中，可以实现基于RFID技术的数字化车间、汽车全生命周期管理、智能化物流等，进而有效提升制造效率、制造品质和企业管理水平。

1. 基于RFID技术的数字化车间

RFID技术在数字化车间中的应用主要包括汽车生产管理、设备智能监测、车间混流制造等。

1）汽车生产管理

RFID技术可以使制造中的汽车与主机（即生产系统控制端）实现信息交互，进而实现汽车加工及装配状态的可视化跟踪管理，以便对生产过程进行实时监控。

2）设备智能监测

集成RFID技术的智能传感器可以在线监测设备关键部位的运转情况，并通过网络与后台服务器通信，实现对设备性能的在线监测、设备运行状态的评估与风险预警、设备早期故障的诊断等。

3）车间混流制造

通过RFID技术与网络、MES等系统的集成，可以实现工艺路线、加工装备、加工程序等的智能选择，最终实现车间混流制造，如图3-3所示。

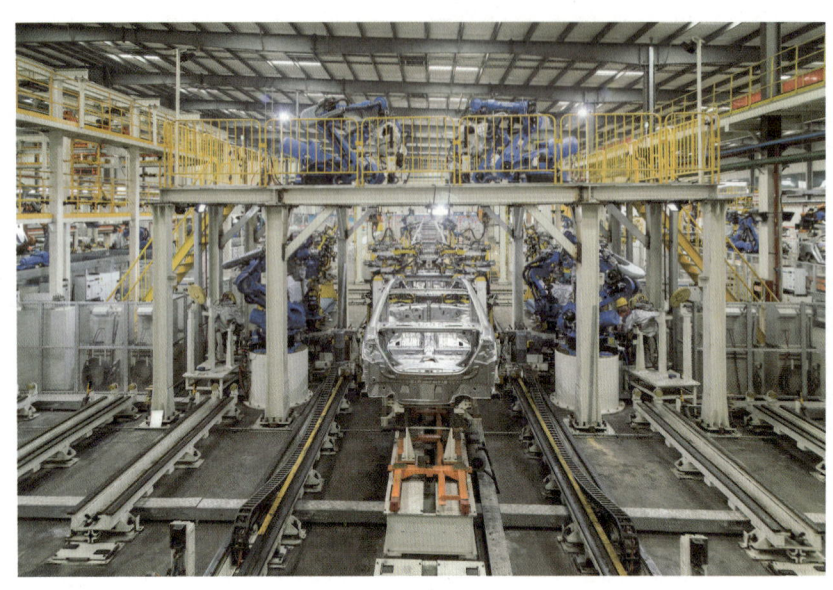

图3-3　车间混流制造

2. 基于RFID技术的汽车全生命周期管理

智能化是汽车制造发展的重要方向和趋势，汽车智能制造的特征之一在于可实现汽车全生命周期内信息的快速获取与共享。RFID技术与传感器技术的集成，能实时、高效地获取汽车在加工、装配、服役等阶段的状态信息，可为车企的后台服务、远程命令下达及生产方案的改进提供有力的数据支持。

3. 基于RFID技术的智能化物流

1）自动化与批量识别

将RFID系统与车企的资产出入库集成，可实现货品出入库的自动化与批量化识别，提高物流配送的及时性和准确性。

2）优化采购

RFID技术和GPS技术的集成，可以实现车企对在制品的精确定位，同时通过网络传输，实现物流信息共享与产品全程监控，从而优化企业采购过程。

3）提升物流管理水平

将RFID系统与智能物流系统、ERP系统、MES系统无缝对接，可以快速响应订单，降低产品库存，进而提升车企物流管理的智能化水平。如图3-4所示为智能物流系统。

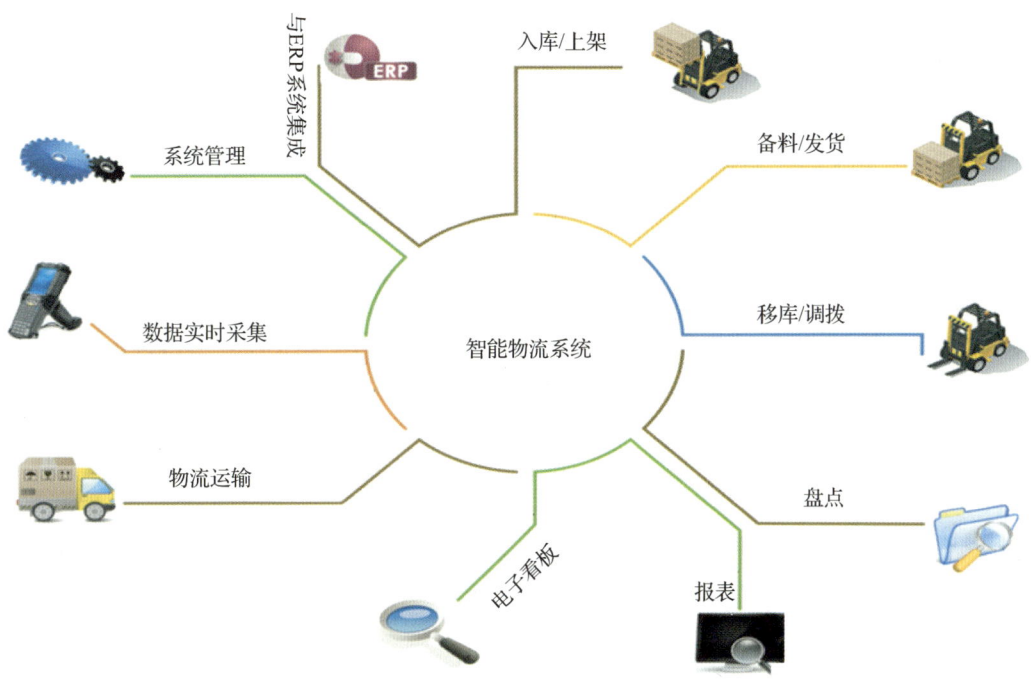

图 3-4　智能物流系统

单元二　机器视觉技术

一、机器视觉技术概述

机器视觉也称为计算机视觉，是指利用计算机对机器视觉设备采集的图像或者视频进行处理，从而实现对客观世界三维场景的感知、识别和理解。

机器视觉技术涉及人工智能、神经生物学、心理物理学、计算机科学、图像处理和模式识别等多个技术领域。它主要利用计算机来模拟或者再现与人类视觉有关的某些智能行为，从客观事物的图像中提取信息、分析特征，最终用于工业检测、工业探伤、精密测控、自动生产线及在各种危险场合工作的机器人等。

1．机器视觉系统的组成

机器视觉系统是机器视觉技术应用的载体，其主要由以下几个部分组成。

1）光源

光源可以定义为能够产生光辐射的辐射源。光源是影响机器视觉系统中图像质量的重要因素。

知识链接

机器视觉系统的光源应具备以下几个特征。

（1）能突出目标的特征，即可以在物体需要检测的部分与非检测的部分之间产生明显区别，增加对比度。

（2）能保持足够的亮度和稳定性。

（3）多采用透射光。在透射光中，物体位置的变化不影响成像质量；而对于反射光，则需要充分考虑光源和光学镜头的相对位置、物体表面的纹理、物体的几何形状等要素。

在机器视觉系统中，通过适当的光源照明，使图像中的目标信息与背景信息得到最佳分离，可以大大降低图像处理算法的难度，同时提高系统的定位、测量精度，使系统的可靠性和综合性得到提高。

2）光学系统

机器视觉系统的光学系统主要指光学镜头。光学镜头类似人眼的晶状体，其主要作用是将成像目标聚焦在图像传感器的光敏面上。光学镜头对成像的质量有关键性作用，它对成像质量的几个主要指标都有影响，如分辨率、对比度、景深及各种像差。因此，在选用光学镜头时需要考虑成像面积、焦距、视角、工作距离和视野等参数。

3）图像捕捉系统

图像捕捉系统主要由相机组成，现在主要以高分辨率数码相机为主。数码相机是一种半导体器材，具有光电转换、信息存储和延时等功能。数码相机的扫描方式可分为行扫描（线阵式）和面扫描（面阵式）两大类。其中，行扫描一次只能获得图像的一行信息，因此被拍摄的物体必须以直线形式从相机前移过，才能获得完整的图像；而面扫描可以一次获得完整的图像。

4）图像采集卡

图像采集卡又称图像卡，它可以将图像或视频信号进行保存，供计算机处理、存储、显示和传输使用。图像采集卡是机器视觉系统的重要组成部分，其传输数据的速度远远高于普通的传输接口。

5）图像信号处理系统

图像信号处理系统是机器视觉系统的核心，主要依靠计算机来完成运算工作。图像采集卡采集到的图像或视频信号，经图像信号处理系统分析处理后，将用于控制现场设备的动作。

2. 机器视觉系统的特点

机器视觉系统具有以下几个特点。

1）非接触测量

机器视觉系统通过射频方式测量部件，测量者与被测部件不会直接接触。例如，在一些不适合人工操作的危险环境、人工视觉难以满足要求的场合或被测部件为脆弱部件时，常用机器视觉系统代替人工视觉。

2）光谱响应范围宽

机器视觉系统具有较宽的光谱响应范围。例如，它可使用人眼看不见的红外线测量，扩展了人眼的视觉范围。

3）稳定性高

人眼难以长时间对同一对象进行观察，而机器视觉系统则可以长时间稳定地做测量、分析和识别任务。

4）成本低

机器视觉系统的操作和维护费用非常低。在大批量工业生产过程中，用人工视觉检查产品质量效率低、人工成本高，而用机器视觉系统进行检测可以大大提高生产效率、提高生产的自动化程度、降低运营成本。

5）易于集成

由于机器视觉系统可以快速获取大量信息，同时对其进行自动处理，因此机器视觉系统易于与设计信息及加工控制信息集成。在现代自动化生产过程中，人们将机器视觉系统广泛地用于工况监视、成品检验和质量控制等领域。

6）精度高

据统计，人眼在连续目测产品时，能发现的最小瑕疵为0.3 mm，而机器视觉的检测精度可达到0.001 mm。

7）灵活性好

同一机器视觉系统可对不同的对象进行测量。当被测量对象发生变化后，只需对软件做相应的变化或升级即可适应新的需求。

二、机器视觉的关键技术

机器视觉系统的关键技术主要包括图像预处理、数学形态学、图像分割。

1. 图像预处理

图像预处理是相对于图像识别、图像分析而言的一种前期处理。图像预处理的主要目的是消除图像中无关的信息，恢复真实有用的信息，增强有关信息的可检测性和最大限度地简化数据，从而提高特征提取、图像分割、匹配和识别的可靠性。图像预处理过程一般有数字化、几何变换、归一化、平滑、复原和增强等。

图像增强是图像预处理中最基本的内容之一，也是图像预处理的主要方法。由于外界环境或设备本身的原因，通常所获取的原始数字图像质量并不是非常高，因此在对图像进行边缘检测、图像分割等操

作之前,一般需要对原始数字图像进行增强处理。图像增强一方面可改善图像的视觉效果,另一方面可提高边缘检测或图像分割的可靠性。

2. 数学形态学

数学形态学可以用来解决特征提取、边缘检测、图像分割、形状识别、纹理分析、图像恢复与重建、图像压缩等图像处理问题。数学形态学的应用可以简化图像数据,保持它们基本的形状特征,并除去不相干的结构。

3. 图像分割

相比于图像预处理对图像质量的改善,图像分割则侧重于详细地研究并描述组成一幅图像各个不同部分的特征及其相互关系,它是提取图像属性的方法。

图像分割是指根据灰度、色彩、空间纹理、几何形状等特征将图像划分成若干个互不相交的区域,使得这些特征在同一区域内表现出一致性或相似性,而在不同区域间表现出明显的不同。简单地讲,就是在一副图像中将目标从背景中分离出来,以便于进一步处理。

三、机器视觉技术在汽车智能制造中的应用

由于机器视觉系统可以快速获取大量信息,且易于自动处理,因此机器视觉技术广泛地用于汽车智能制造中,具体主要包括以下几个方面。

给汽车智能制造一双慧眼

1. 引导和定位

汽车生产车间的焊接、搬运、装配等固定流程的工作正在逐步被工业机器人取代,这些工作对于工业机器人来说,只需按照既定的程序执行即可。但在工业机器人的操作过程中,零部件的初始状态(如位置和姿态等)与工业机器人的相对位置并不是固定的,这会导致零部件的实际摆放位置和理想加工位置存在差距,令工业机器人难以按照原定程序进行加工。随着机器视觉技术的发展,这个问题得到了很好地解决。机器视觉系统能够快速、准确地找到目标零件并确认其位置,引导灵活的工业机械手臂准确抓取并进行工作。

2. 质量检测

汽车生产用到的所有零部件都需要进行质量检测,主要包括尺寸检测、外观缺陷检测等。部分零部件的检测精密度可达到 0.01 mm。此外,零部件缺失检测、位置检测等也要用到机器视觉技术。

如图3-5所示为机器视觉系统对车身进行检测。

3. 精准识别

利用机器视觉技术对图像的处理和分析功能,可精准识别并记录不同种类及不同型号的汽车零部件,以达到数据的采集和追溯,提高生产的自动化程度。

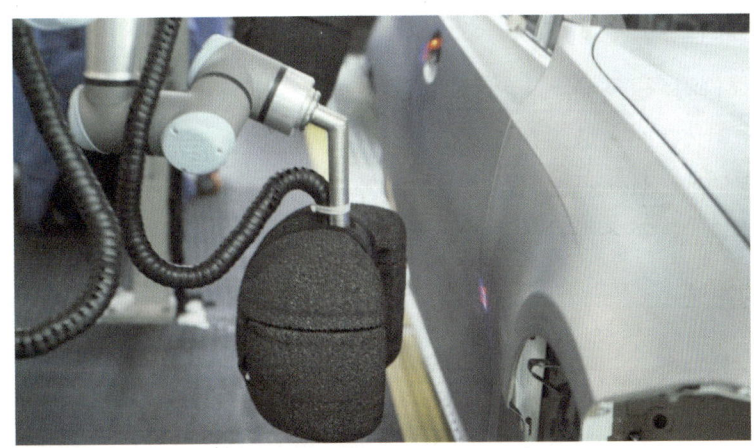

图3-5 机器视觉系统对车身进行检测

单元三 无损检测技术

一、无损检测技术概述

无损检测（NDT）技术就是利用声、光、磁和电等特性，在不损害或不影响被检对象使用性能的前提下，检测被检对象中是否存在缺陷或不均匀性，并给出缺陷的大小、位置、性质和数量等信息，进而判定被检对象所处技术状态（如合格与否、剩余寿命等）的所有技术手段的总称。与破坏性检测相比，无损检测技术具有非破坏性、全面性、全程性、可靠性等特点。

二、无损检测技术的分类

无损检测技术分为常规无损检测技术和非常规无损检测技术。常规无损检测技术有超声波检测、射线检测、磁粉检测、渗透检测、涡流检测等。非常规无损检测技术有红外线检测、激光全息检测等。

以下介绍常用的超声波检测、射线检测和磁粉检测。

1. 超声波检测

1）超声波检测的定义

频率在 20 kHz 以上的声波称为超声波。超声波检测是通过超声波与工件相互作用，对反射、透射和散射的波进行研究，并对工件进行宏观缺陷检测、几何特性测量、组织结构和力学性能变化的检测和表征，进而对其特定应用性进行评价的检测技术。

2) 超声波检测的特性

超声波被用于无损检测，主要因为其有以下几个特性。

（1）超声波在介质中传播时，遇到界面会发生反射。

（2）超声波的指向性好，且频率越高，指向性越好。

（3）超声波传播能量大，对各种材料的穿透力较强。

3) 超声波检测的方法

（1）接触法。

接触法是探头与工件表面之间，经一层薄的耦合剂直接接触进行探伤的方法。耦合剂主要起传递超声波的作用。此法操作简单，但对被检工件表面粗糙度的要求较严。

（2）液浸法。

液浸法是将探头与工件全部浸入液体，或探头与工件之间局部充以液体进行探伤的方法。由于探头与工件不直接接触，因而易于实现自动化检测，也适用于检测表面粗糙度较大的工件。

（3）兰姆波探伤法。

兰姆波探伤法是使兰姆波沿着钢板两表面及中间传播来进行探伤的方法。当工件中有缺陷时，其会在缺陷处产生反射，就会有缺陷波出现在荧光屏上。

> **小贴士**
>
> 因地球自传，在静力平衡的大气中可以产生一种只沿水平方向传播的特殊声波，称为兰姆波。

（4）穿透法。

穿透法是根据超声波穿透程度的不同来进行探伤的方法。穿透法可以用连续波，也可以用脉冲波。当工件内无缺陷时，接收能量大；当工件内有缺陷时，因部分能量被反射，所接收能量减小；当缺陷很大时，声波全部被缺陷反射，接收能量减小为零。穿透法适合于检测超声衰减大的材料，可避免盲区。如图3-6所示为使用穿透法检测钢板缺陷。

图3-6　使用穿透法检测钢板缺陷

2. 射线检测

在射线检测中，主要应用的是X射线。

1）X射线检测的基本原理

X射线检测是利用X射线通过不同物质的衰减程度与被通过物质的特性，使胶片感光成黑度不同的图像来实现的。这是因为使用X检测工件缺陷时，缺陷部位会改变工件对X射线的衰减程度，出现透射光线强度的变化。因此利用该检测方法可以判断工件是否有缺陷，以及缺陷的位置和大小。

2）X射线检测的应用

X射线检测技术的应用包括质量检测、厚度测量、物品检查、动态研究等。质量检测广泛应用于铸造与焊接工艺缺陷检测，以及锂电池和电子半导体领域的检测。厚度测量可用于在线、实时、非接触式厚度测量。物品检查可用于机场、车站、海关等场合。动态研究可用于研究动态过程，如弹道、爆炸等。

3. 磁粉检测

1）磁粉检测的原理

磁粉检测是一种利用漏磁和合适的检验介质来发现铁磁材料表面和近表面缺陷的检测方法。当磁力线穿过铁磁材料时，在其磁性不连续处将产生漏磁，形成磁极。此时撒上干磁粉或浇上磁悬液，磁极就会吸附磁粉，产生用肉眼能直接观察的明显磁痕，以显示铁磁材料的缺陷情况，如缺陷的位置、大小、形状。

2）磁粉检测的适用范围

磁粉检测可检测露出表面用肉眼或放大镜不能直接观察到的微小缺陷，也可检测埋藏在表面下几毫米的近表面缺陷。磁粉检测不仅能探查体积型缺陷（如气孔、夹杂），还能探查面积型缺陷（如因淬火、轧制、铸造、焊接、电镀、磨削、疲劳等引起的裂纹）。

   课堂讨论

请同学们分析一下，检测铸铁类的曲轴、凸轮轴、桥壳、轮毂等的缺陷时适合用哪种检测方法。并说明理由。

三、无损检测技术在汽车智能制造中的应用

在对汽车零部件检测时会用到无损检测技术，下面以超声波检测和磁粉检测的应用为例进行说明。

1. 超声波检测的应用

一般来讲，对汽车零部件中的焊接钢板进行质量检测时，会用到超声波检测。

液体渗透检测技术

超声波在固体中的传输损失很小，探测深度大，但在异质界面上会发生反射、折射等现象，尤其是不能通过气-固界面。如果金属中有气孔、裂纹、分层等缺陷（缺陷中有气体）或夹杂，超声波传播到缺陷的界面处时，其全部或部分声波会发生反射。反射回的超声波被探头接收后，通过仪器内部的电路处理，会在仪器的荧光屏上显示出不同高度和有一定间距的波形。工作人员可以根据波形的变化特征判断缺陷在工件中的深度、位置和形状。如图3-7所示为使用超声波探头检测焊接件。

图3-7　使用超声波探头检测焊接件

2. 磁粉检测的应用

在汽车的制造过程中，一部分零部件为锻钢件，如前桥、后桥、车架、变速箱、传动轴等。锻钢件的工艺过程一般为：下料→加热→锻造→探伤→热处理→探伤→机械加工→表面热处理→机械加工→最终探伤→成品。

多数锻钢件的形状都比较复杂，且经过上述加工工艺后，就容易产生各种性质的缺陷，如锻造裂纹、锻造折叠、淬火裂纹、磨削及矫正裂纹等。对这些零部件进行质量检测时要用到磁粉检测，即根据荧光磁粉呈现出的裂纹，分析该零部件是否符合出厂要求。如图3-8所示为磁粉检测的应用。

图3-8　磁粉检测的应用

小贴士

大型锻钢件在进行磁粉检测时应注意以下几个问题。

（1）每次进行检测时都应有少量的重叠，并进行两次方向互相垂直的磁化和检测。

（2）喷洒磁粉不要太急、太快，否则会冲走已形成的干磁粉显示，或无法在缺陷处集聚磁粉。

单元四　工业物联网技术

一、工业物联网技术概述

工业物联网是物联网技术在制造企业或智能工厂中的具体应用。工业物联网技术可通过传感器技术、标识识别技术、图像视频技术和定位技术等感知技术，对物理世界进行感知识别，然后通过网络传输数据，对其进行计算、处理和知识挖掘，实现人与物、物与物信息的实时交互，以达到对物理世界实时控制、精准管理和科学决策的目的。

1. 工业物联网技术的特点

工业物联网技术主要有以下几个特点。

1）感知全面

工业物联网技术可海量利用各类传感技术，将众多不同类型的感知标签和传感器部署在工业物联网上，使每个设备作为独立的信息源，按照一定的周期不断地更新和实时地采集周围环境信息。

2）传递可靠

工业物联网技术的核心技术是互联网技术，工业物联网可采用有线与无线相结合的传输方式与互联网融合，实时并准确地将感知信息通过网络传递给相应对象。

3）决策智能

工业物联网技术可利用云计算、数据处理、数据管理等智能计算技术，对实时收到的海量数据进行分析和处理，最终实现智能化决策和控制。

如图3-9所示为工业物联网的示意图。

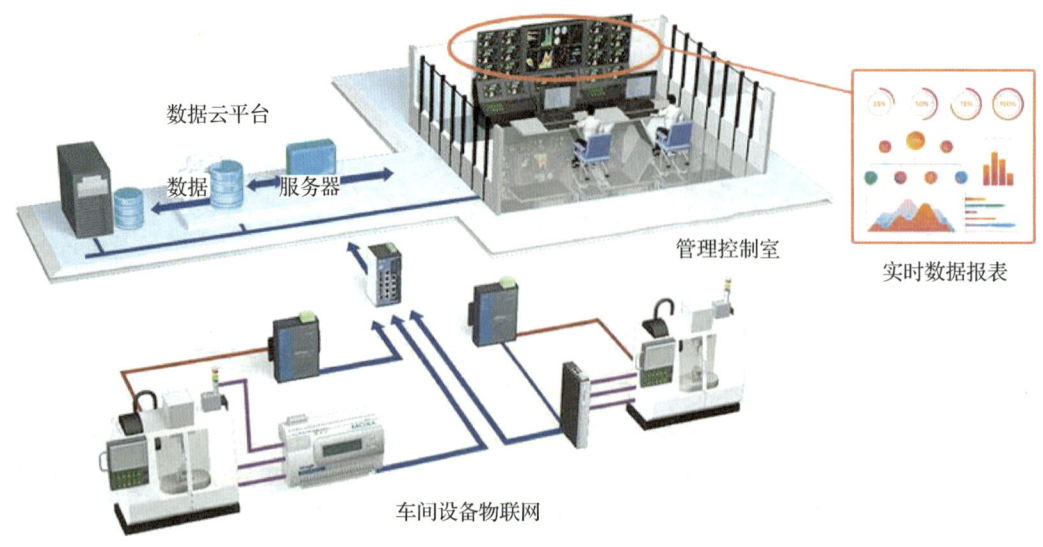

图3-9 工业物联网的示意图

2. 工业物联网技术的优势

工业物联网技术集成了RFID、传感器、无线网络、云计算等新技术，其发展极大地促进了制造业的信息化进程，有利于实现物与物、人与物之间信息的自动化交互与处理。工业物联网技术在制造业上的优势有以下四个方面。

1）产品智能化

在产品中植入可被识别的元素，可实现产品功能的智能化。例如，在产品中植入RFID标签，可记录产品的静态信息，如出厂日期、编号、产品类型等；在产品中植入智能传感器，可记录设备运行数据、检测设备运行状态等，并通过网络将数据传输至后台信息系统中进行后处理。

2）实时售后服务

企业通过工业物联网可获取全球范围内产品运行的状态信息，经过后台信息系统的分析、处理、反馈，能实时在线提供售后服务，服务水平得到提升。

3）过程监控与管理

工厂可以通过工业物联网，采集生产设备的运行状态数据和产品的数量与质量数据，实现设备维护和生产控制，包括供需转换、工时统计、产品管理、产品质量在线监测、设备状况监测、能源使用监测等。

4）物流管理智能化

在工厂内外的物流设备中植入RFID标签，能实现对产品位置、数量、交接的管理和控制，从而提高物流效率。同时，消费者也能对具有特殊储藏要求的货品进行在线监测与防伪溯源，实现了信息在真实世界和虚拟空间之间的智能流动。

3．工业物联网的架构

工业物联网由感知层、网络层和应用层三部分组成，如图3-10所示。

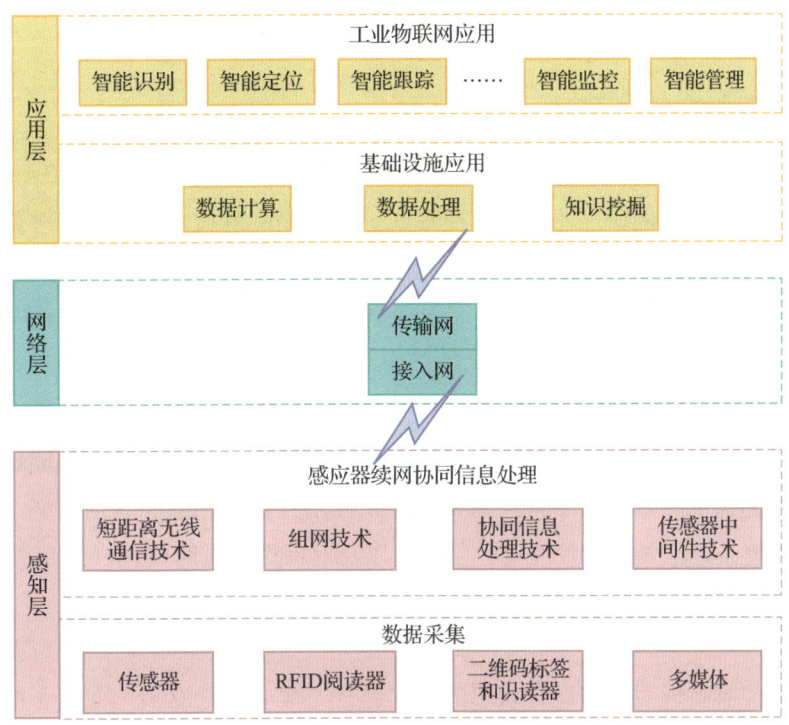

图3-10　工业物联网的组成

1）感知层

感知层位于最底层，是工业物联网整体架构的基础和核心，是信息采集的关键部分。感知层由数据采集、感应器续网协同信息处理两个部分组成，可使企业随时随地获取物体的信息。基本的数据采集工具包括传感器、RFID阅读器、二维码标签和识读器、多媒体等，感应器续网协同信息处理需要短距离无线通信技术、组网技术、协同信息处理技术和传感器技术等。

2）网络层

网络层位于中间层，相当于人的神经中枢系统。它负责将感知层获取的信息安全可靠地传输至应用层。网络层包含接入网和传输网，分别实现接入功能和传输功能。目前工业物联网的通信网络主要包括互联网、卫星通信网和有线电视网。因为网络层肩负着大量设备接入和庞大的数据传输，同时还需要满足较高的服务质量，所以对现有网络进行融合和扩展是非常有必要的，以实现更加广泛和高效的互联功能。

3）应用层

应用层作为工业物联网的终端环节，主要包括基础设施应用和工业物联网应用两方面。它能够通过云计算平台对感知层采集的数据进行计算、处理和知识挖掘，从而实现智能化识别、定位、跟踪、监控和管理等的应用。

二、工业物联网技术在汽车智能制造中的应用

工业物联网技术是驱动汽车产业智能化的关键力量,其在汽车智能制造中的应用主要表现在以下几个方面。

1. 供应链管理系统的优化

在企业原材料采购、库存管理、销售等方面应用工业物联网技术,可完善和优化供应链管理系统,提高供应链效率,降低成本。例如,在汽车生产车间,工业物联网技术可连接每一件产品、每一个流程和每一位员工,从而实现高质量、高效率的数字化生产。在总装车间,工业物联网技术可使控制中心与设备之间实现每分钟几十万次的数据交互,从而保证高质量生产,构建高效的供应链体系。

2. 生产效率和质量的提高

工业物联网技术的应用可以使车企提高生产过程中智能监控、智能控制、智能诊断、智能决策、智能维护的水平,进而提高生产效率和质量。例如,车企应用各种传感器和通信网络,在生产过程中实现了对加工环境的温湿度、含尘量等参数的实时监控,以及对问题的及时处理,提高了产品的生产质量。

3. 汽车运行的监控管理

工业物联网技术能够实现对汽车运行状态的远程监控。车企会建立多个面向不同车型的综合服务中心,通过传感器和网络对汽车进行在线监测和实时监控,并提供汽车维护及故障的解决方案。

4. 环保监测及能源管理

工业物联网技术与环保设备的融合,能够实现对汽车生产过程中产生的各种污染及污染治理的实时监控,防止意外发生。例如,在企业排污口安装无线传感设备,不仅可以实时监测企业排污数据,还可以远程关闭排污口,防止突发性环境污染事故的发生。

 视野拓展

中国一汽产出"硬核"成果

近几年来,在政府的大力支持下,中国一汽聚焦"关难急卡"等技术瓶颈,扎实推进技术攻关,专利授权量排名国内汽车行业第一,累计申请专利9 511件,其中发明专利5 608件,同比增长196%和408%,累计突破关键核心技术143项。中国一汽始终坚持以全面的创新驱动为主线,围绕新能源、智能网联等新兴技术领域不断产出"硬核"成果。

在新能源方面,中国一汽乘用车全面实施新能源xHEV、EV、FCV三条技术路线,打造国际领先的纯电动乘用车平台、全系列节能和混合动力专用动力总成,新能源动力电池、电驱系统、系统控制等技术研发成果显著。

在智能网联方面,中国一汽将构建智驾、智控、智享三大技术平台。目前,红旗L4级自动驾驶车辆已在海南及湖南示范运营,且满分通过北京市自动驾驶商运牌照考试;解放J7达到L4级自动驾

驶水平,在日照港、苏州高铁新城等固定区域实现商业运营。

这些创新成果成功转化投向市场,为吉林省汽车产业不断增添核心竞争力。一项项新技术也为吉林省汽车产业未来发展开拓了崭新前景。在汽车产业集群的带动、集聚、引领、辐射作用下,全省众多上下游企业千帆竞发,驰骋在研发创新的赛道上。

2021年7月,中国一汽富维创新研发中心项目开工,项目整体投资预计10亿元,将在内外装饰件、座椅、内饰产品、照明系统、仪表、屏幕及被动安全产品等领域开展技术开发工程。

创新要素集聚,产业活力凸显。对掌握关键核心技术的执着,镌刻在中国一汽的成长基因里,成为其迈向高质量发展的坚实支撑。

（资料来源：人民网,有改动）

笔记

学习成果检验

一、填空题

1. 在RFID系统中,射频识别部分主要由_____和_____两个部分组成,阅读器和标签之间的通信采用_____方式进行耦合。
2. 机器视觉的关键技术有_____、_____和_____。
3. 常用的无损检测技术有_____、_____和_____。
4. 工业物联网的特点为_____、_____和_____。

二、判断题

1. 在RFID系统中,标签为阅读器提供工作所需的能量。(　　)
2. 应用RFID技术可以提高企业的生产效率。(　　)
3. 机器视觉可以识别物理世界。(　　)
4. 机器视觉技术不能对物品进行定位。(　　)
5. 工业物联网可以实现人与物、物与物的实时联通。(　　)

三、简答题

1. RFID作为一种特殊的识别技术,主要具有哪些特点?

2. 简述机器视觉系统的组成。

3. 工业物联网技术在汽车智能制造中的应用主要表现在哪些方面?

学以致用——案例分析

一、活动描述

为了更加深入地了解本模块所学习的汽车智能制造识别技术,全班同学分小组分别查找RFID技术、机器视觉技术、无损检测技术、工业物联网技术在汽车智能制造中的应用案例,以PPT的形式进行分享,并派代表讲解其中的内容。(选择10张左右图片和3个视频,每组讲解时间最好不要超过10分钟。)

二、活动实施

(1)全班同学分成若干组,每组5~6人,并选出一名小组组长。

(2)小组组长分配成员完成收集资料、选择图片或视频、制作PPT、讲解汇报等任务。具体执行过程可填写在下方空白处。

(3)将本次活动中遇到的问题、得到的经验等填写在下方空白处。

学习成果评价

各组成员根据本模块的学习情况及活动完成情况，完成下面的学习成果评价，如表3-1所示。

表3-1 学习成果评价表

姓名：_____   组号：_____   指导教师：_____

评价项目	评价内容	分值/分	教师评分/分
知识（40%）	了解RFID技术	10	
	熟悉机器视觉技术	10	
	了解无损检测技术	10	
	熟悉工业物联网技术	10	
技能（40%）	PPT版面精美、简洁	10	
	内容选取合理、全面	20	
	讲解流畅，有条理	10	
素养（20%）	具有团队精神	5	
	准备充分，积极、认真参加活动	5	
	认真学习，按时完成学习、活动任务	5	
	具备独立分析问题、解决问题的能力	5	
自我评价			
教师评价			

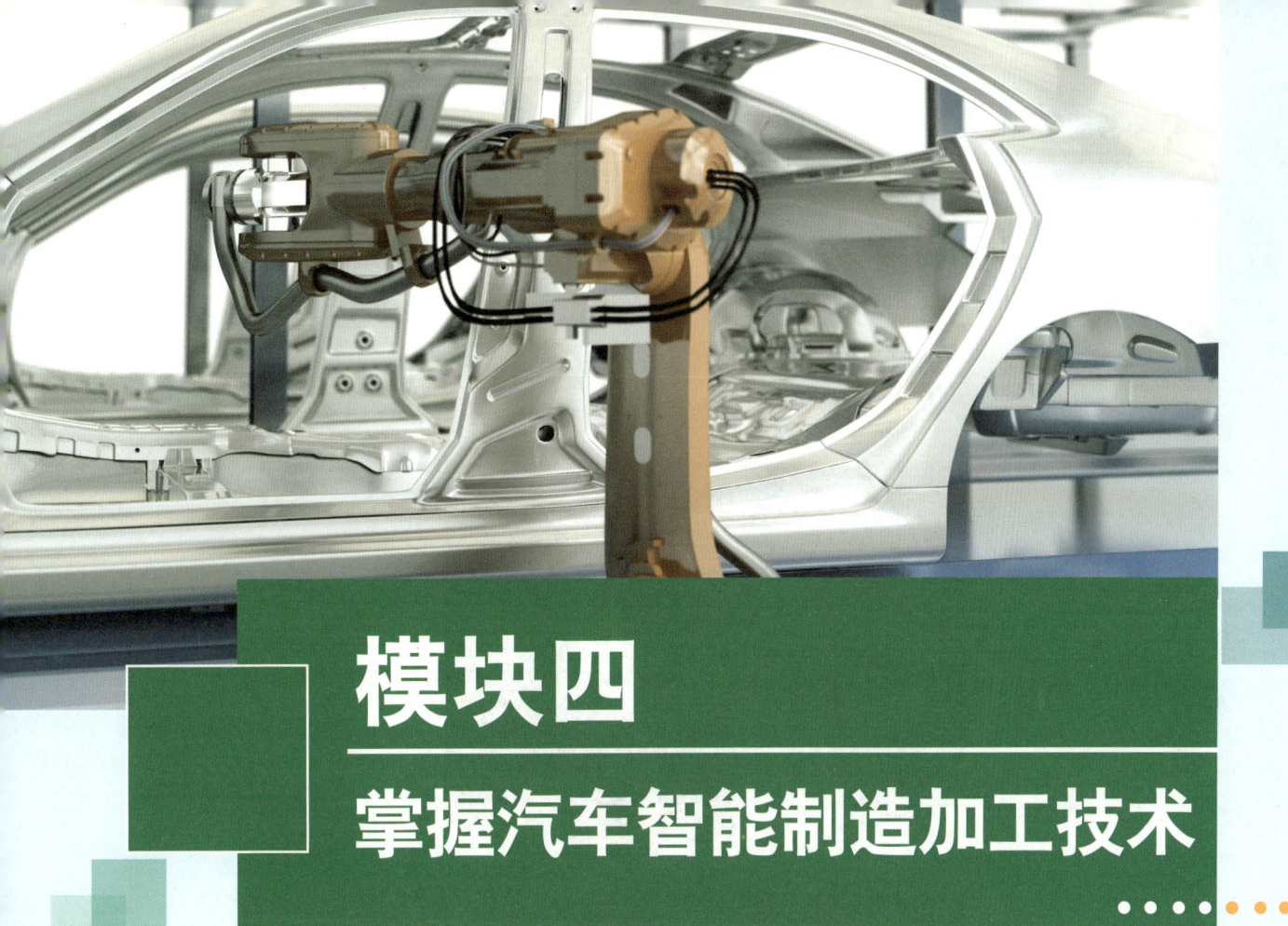

模块四
掌握汽车智能制造加工技术

模块导读

在汽车智能制造的过程中,加工技术的先进水平代表了汽车制造业的发达程度。先进加工技术的普及和应用可以有效改善劳动条件、提高生产率和生产质量、降低制造成本。本模块主要介绍工业机器人技术、3D打印技术、数控加工技术及精密与超精密加工技术。

学习目标

知识目标

1. 了解工业机器人技术。
2. 熟悉3D打印技术。
3. 了解数控加工技术。
4. 熟悉精密与超精密加工技术。

技能目标

1. 能总结出工业机器人技术、3D打印技术、数控加工技术、精密与超精密加工技术的特点。
2. 能总结出不同加工技术在汽车智能制造中的应用。

素质目标

1. 养成乐观向上、积极进取的精神。
2. 树立团结协作的意识。
3. 培养爱岗敬业的精神。

模块导入

2022年7月，牧野汽车装备（武汉）有限公司（简称牧野）智能研发制造基地一期工厂在湖北省武汉市蔡甸区投产，首台新一代紧凑型立式数控加工中心——Slim5n机床（见图4-1）成功下线。

图4-1　Slim5n机床

Slim5n机床具有精度高和效率高的特点，可满足客户多种需求，适合组建多种自动化生产线，目前在国内广泛应用于汽车零件、摩托车零件等的加工。

Slim5n机床精度可达5 μm，比同类型机床精度提高75%，加工效率相较之前投产的设备提高近30%。基于这一生产科技，该数控机床受到多家车企的欢迎，牧野也收到了多家知名车企的订单。

在汽车智能制造中，数控加工技术提高了零件的加工精度，促进了汽车智能制造的发展。那么还有哪些加工技术也促使着汽车智能制造的发展呢？接下来让我们共同了解一下。

（资料来源：人民网，有改动）

模块四　掌握汽车智能制造加工技术

单元一　工业机器人技术

一、工业机器人概述

汽车智能制造离不开智能装备，智能装备中应用得比较广泛的为工业机器人。1987年，国际标准化组织对工业机器人进行了定义："工业机器人是一种具有自动控制操作和移动功能，能完成各种作业的可编程操作机。"综合来说，工业机器人是面向工业领域的多关节机械手或多自由度的机械装置，由机械系统、驱动系统、控制系统和感知系统构成。它能自动执行动作，靠自身的动力和控制能力实现各种设定的功能。工业机器人技术是综合了计算机、控制论、机构学、信息和传感技术、人工智能、仿生学等多学科而形成的高新技术。工业机器人的应用情况是一个国家工业自动化水平的重要标志。

工业机器人都长什么样

1. 工业机器人的特点

工业机器人的显著特点为可重复编程、拟人化、安全性高、易于管理、应用领域广泛、技术综合性强等。

1）可重复编程

工业机器人可随其工作变化的需要进行再编程，能在小批量、多品种的柔性制造过程中发挥很好的功用。工业机器人是柔性制造系统的一个重要组成部分。

 小贴士

> 柔性制造是一种与传统的大规模量产模式对应的、以需定产的生产模式。

2）拟人化

工业机器人的机械结构类似于人体的结构，如具有腰、臂、腕、手等，并由计算机控制其运动。此外，工业机器人中还有很多类人的生物传感器，如皮肤接触传感器、力传感器、负载传感器、视觉传感器、声音传感器等。这些传感器提高了工业机器人对周围环境的适应性。

3）安全性高

工业机器人可以解决很多安全方面的问题。例如，由于个人原因（如不熟悉工作流程、工作疏忽、疲劳工作等）导致的生产安全隐患，都可避免。

4）易于管理

工业机器人可以24 h循环工作。生产线换用工业机器人生产后，企业只需留下少数员工对工业机器人进行维护作业即可。这比管理员工简单很多。

5）应用领域广泛

工业机器人与自动化成套装备是生产过程的关键设备，可用于制造、安装、检测、物流等环节，能广泛应用于汽车、工程机械、轨道交通、军工、冶金、医疗、食品等行业，应用领域非常广泛。

6）技术综合性强

工业机器人集中并融合了多项技术，如微电子技术、计算机技术、机电一体化技术、机器人动力学及仿真、有限元分析、智能测量、建模加工一体化及精细物流等，不仅具有获取外部环境信息的能力，还具有记忆、语言理解、图像识别、推理判断等人工智能，技术综合性强。

2．工业机器人的基本组成

一台完整的工业机器人由以下四部分组成，分别为机械系统、驱动系统、控制系统和感知系统。它们之间的关系如图4-2所示。

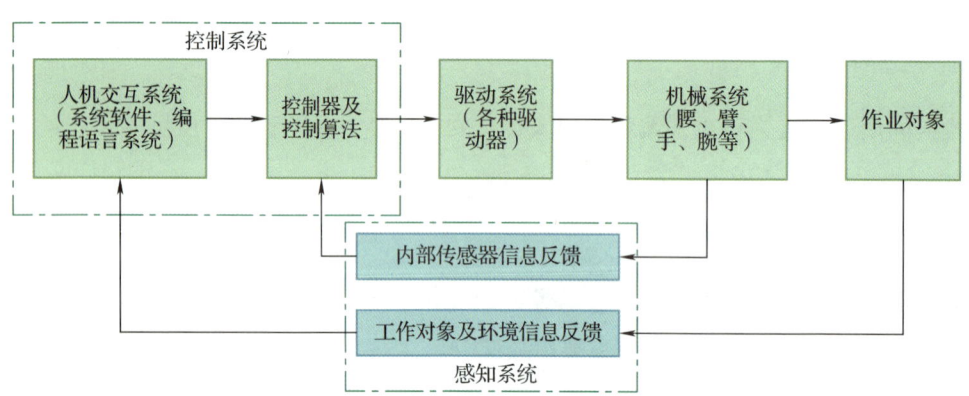

图4-2　工业机器人各组成部分之间的关系

1）机械系统

机械系统是完成各种作业的执行机构，由一系列连杆、关节和其他形式的运动副组成，可实现各个方向的运动。它包括基座、腰、臂、腕和手等部分，如图4-3所示。

> 运动副是两构件直接接触并能产生相对运动的活动连接。
> 面和面接触的运动副在接触部分的压强较低，被称为低副；而点或线接触的运动副称为高副。高副比低副容易磨损。

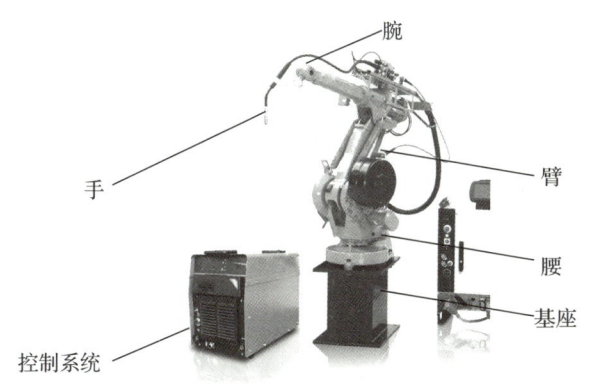

图 4-3　机械系统的组成

（1）基座。基座是工业机器人的基础部分，整个机械系统和驱动系统都安装在基座上。有时为了能够使工业机器人完成较远距离的操作，基座上还可以增加行走机构，行走机构多采用滚轮式或履带式，行走方式分为有轨与无轨两种。

（2）腰。腰是臂的支撑部分，根据机械系统的不同，腰可以是在基座上转动的，也可以和基座做成一体。有时腰也可以通过导杆或导槽在基座上移动，从而增大工作空间。

（3）臂。臂是机械系统中的主要运动部件，用来支撑腕和手，并使它们在工作空间内运动。为使手能达到工作空间内的任意位置，臂至少应具有三个自由度。

（4）腕。腕是连接臂与手的部件，用于调整手的方向和姿态。

（5）手。手是末端执行器，一般用来执行工业机器人的主要功能。它可以是用于抓取、搬运的手爪，用于喷漆的喷枪，用于焊接的焊枪、焊钳，用于打磨的砂轮，或用于检测的测量工具等。

2）驱动系统

驱动系统是指驱动机械系统运动的驱动装置，这些驱动装置大多安装在运动的部件上，所以其应结构紧凑、重量轻、惯性小、工作平稳。

根据动力源的不同，驱动系统的驱动方式可分为液压驱动、气压驱动和电气驱动三种。

（1）液压驱动方式。液压驱动的工业机器人具有较强的抓举能力，其作用力可高达上千牛，且可以达到较高的位置精度。但液压驱动对密封性和精度的要求都很高，且油液的黏度会随温度变化而变化，因此这类工业机器人不宜在高温或低温的环境中工作。

（2）气压驱动方式。气压驱动的工业机器人以压缩空气来驱动操作。其优点是空气来源方便，压缩空气黏度小，且气动元件的工作压力低、结构简单、成本低。但由于空气具有可压缩性，因此其工作速度的稳定性较差，且气源压力一般只有 0.6 MPa 左右，所以工业机器人的抓举力较小，一般在 200 N以下。

（3）电气驱动方式。电气驱动是指利用各种电动机产生的力或力矩，直接或经过减速机构后驱动工业机器人。电气驱动可以分为直流电动机驱动和交流电动机驱动。

相对于液压驱动和气压驱动的工业机器人而言，电气驱动的工业机器人结构比较紧凑、简单。目前，越来越多的工业机器人采用电气驱动方式，不仅因为电动机品种较多，为工业机器人的设计提供了更多选择，还因为电动驱动可以运用多种灵活的控制方式，也可实现对工业机器人的灵活控制。

3)控制系统

控制系统的任务是根据工业机器人的作业指令及传感器的反馈信号,控制工业机器人的机械系统,使其完成规定的运动和功能。该部分主要由人机交互系统和控制算法等组成。该部分的作用相当于人的大脑,具有示教功能、坐标设置功能、与外围设备联系的功能、位置伺服功能等。

(1)示教功能。控制系统可实现离线编程、在线示教及间接示教等功能。在示教过程中,它可存储作业顺序、运动方式、运动路径和速度、与生产工艺相关的信息等。在再现过程中,它能控制工业机器人按照示教的加工信息自动执行特定的作业。

(2)坐标设置功能。控制系统可设置关节坐标、绝对坐标、工具坐标及用户坐标四种坐标系,用户可根据作业要求选用不同的坐标系并进行各坐标系之间的转换。

(3)与外围设备的联系功能。控制系统设有输入/输出接口、通信接口、网络接口、同步接口和人机互动接口,方便与外围设备取得联系。此外,它还具有视觉、听觉、触觉、力觉(力矩)等多种传感器接口。

(4)位置伺服功能。控制系统可实现运动控制、速度与加速度控制、力控制及动态补偿等功能。在运动过程中,它还可以实现状态监测、故障自诊断、安全保护等功能。

4)感知系统

感知系统由内部传感器和外部传感器组成,其作用是获取工业机器人内部和外部的环境信息,并将这些信息反馈给控制系统。其中,内部传感器用于检测各关节的位置、速度等变量。外部传感器用于检测工业机器人与周围环境之间的一些状态变量,如距离、接近程度和接触情况等,便于工业机器人识别物体并做出相应处理。外部传感器可使工业机器人以灵活的方式对它所处的环境做出反应,并赋予机器人一定的智能。

3. 工业机器人的工作原理

由图4-2可以看出,工业机器人实际上是一个典型的机电一体化系统,其工作原理为:控制系统发出动作指令,控制驱动器的动作,驱动器带动机械系统运动,使末端执行器到达空间某一位置并实现某一姿态,执行既定的指令。然后,末端执行器在空间的实时位姿由感知系统反馈给控制系统,控制系统将实时位姿与目标位姿相比较,发出下一个动作指令。如此循环,直到完成作业任务为止。

二、工业机器人的分类

工业机器人有多种分类方法,比较常见的有按控制方式分类、按坐标系特点分类、按作业用途分类和按编程方式分类等。

1. 按控制方式分类

按照控制方式的不同,工业机器人可分为以下四类。

1）点位控制工业机器人

点位控制工业机器人是指其控制系统只能控制工业机器人从一个特定点移动到另一个特定点，而无法控制其移动路径的工业机器人。

2）连续轨迹控制工业机器人

连续轨迹控制工业机器人是指能够严格按照预定的轨迹和速度在一定精度范围内运动的工业机器人，其速度可控、轨迹光滑、运动平稳。例如，工业机器人在进行装配、抓放物体等工作时，除了要准确定位之外，还要使用适当的力度，连续平稳地进行工作。

3）可控轨迹工业机器人

可控轨迹工业机器人是指其控制系统能够根据要求，精确地计算出直线、圆弧、内插曲线或其他轨迹，并能按既定轨迹进行运动的工业机器人。在轨迹中的任意一点，工业机器人都可以达到较高的运动精度。

4）智能控制工业机器人

智能控制工业机器人可以通过某些方式（如智能传感器）感知自己的运动位置，并将所感知的位置信息反馈给控制系统以控制自身的运动。

2. 按坐标系特点分类

按照坐标系特点的不同，工业机器人可分为直角坐标型工业机器人、圆柱坐标型工业机器人、极坐标型工业机器人、关节坐标型工业机器人。

1）直角坐标型工业机器人

直角坐标型工业机器人如图4-4（a）所示，其三个关节都是移动关节，关节轴线相互垂直，相当于空间直角坐标系的x轴、y轴和z轴，作业范围是立方体状。其优点是刚度好、位置精度高、运动学求解简单、控制无耦合、稳定性好。但其结构较庞大、动作范围小、灵活性差且占地面积较大。这种工业机器人适用于大负载的搬运作业。例如，在大型建筑施工场地中，搬运大型材料的大型龙门式或框架式结构的装置。

2）圆柱坐标型工业机器人

圆柱坐标型工业机器人有两个移动关节和一个转动关节，作业范围为圆柱体，如图4-4（b）所示。其特点是位置精度高、运动直观、控制简单、结构简单、占地面积小、价格低廉，因此应用广泛，但其不能抓取靠近立柱或地面的物体。

3）极坐标型工业机器人

极坐标型工业机器人具有一个移动关节和两个转动关节，作业范围为空心球体，如图4-4（c）所示。其优点是结构紧凑、动作灵活、占地面积小，但其结构复杂、定位精度低、运动直观性差。

4）关节坐标型工业机器人

关节坐标型工业机器人具有拟人的机械机构，由立柱、大臂和小臂组成。它具有三个转动关节，分别为一个转动关节和两个俯仰关节，作业范围为空心球体，如图4-4（d）所示。其优点是作业范围大、动作灵活性高、可抓取靠近机身的物体。

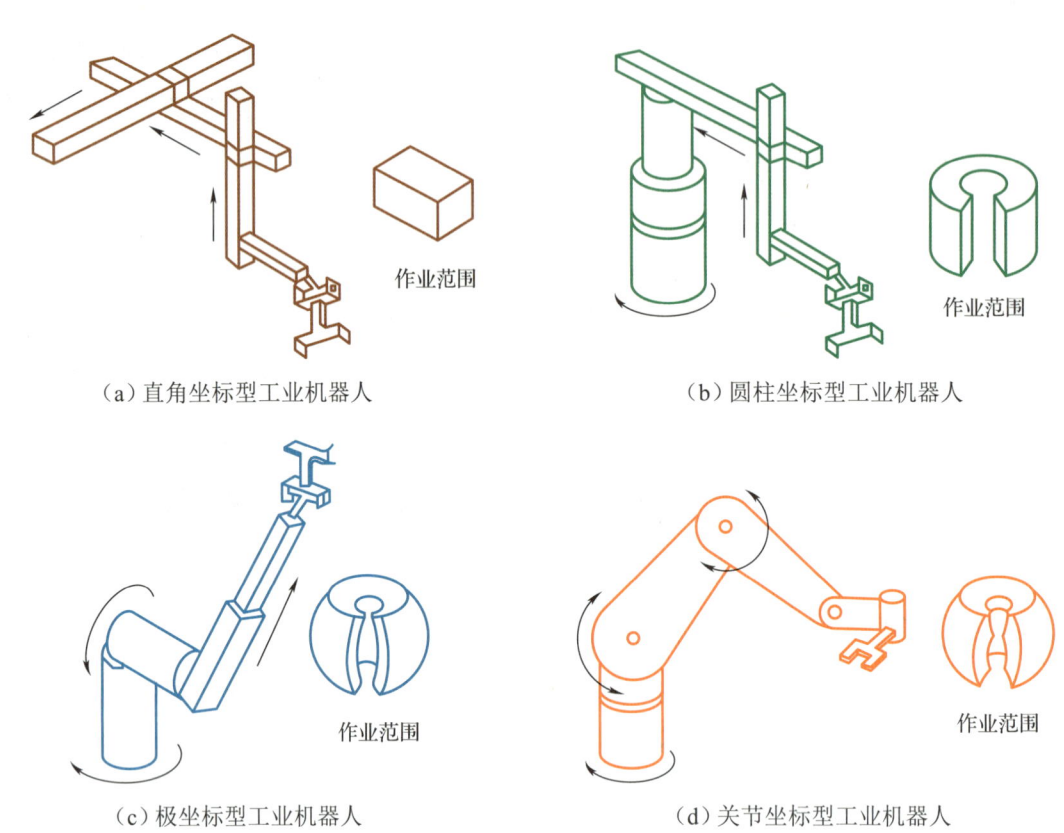

图4-4 不同坐标系的工业机器人

3. 按作业用途分类

工业机器人按作业用途的不同，可分为焊接机器人、搬运机器人、喷漆机器人、涂胶机器人和装配机器人等。

4. 按编程方式分类

工业机器人按控制系统编程方式的不同，可分为直接示教工业机器人和离线示教（或离线编程）工业机器人。

1）直接示教工业机器人

直接示教工业机器人能通过人直接操作工业机器人的末端执行器，或用示教器将指令传输给驱动系统使工业机器人完成预定的动作。

> **小贴士**
>
> 示教器是与控制系统相连接的一种手持装置,用以对工业机器人进行编程或使之运动。

2)离线示教工业机器人

离线示教工业机器人是指人脱离实际工作环境,在计算机上进行编程,再将编制好的程序传输给工业机器人的控制系统,进而控制工业机器人的运动。

三、工业机器人技术在汽车智能制造中的应用

工业机器人在汽车智能制造中应用广泛,以下根据工业机器人用途的不同,举例说明工业机器人在汽车智能制造中的应用。

1. 焊接机器人的应用

由于工业机器人具有精准度高、抗干扰、抗疲劳等特点,且焊接工作精细度要求高、工作环境较差、劳动强度大,因此应用其作为焊接机器人取代人工焊接,可以保证焊接质量,同时提高焊接效率。

在汽车的生产过程中,焊接机器人的应用十分普遍,在焊接车间几乎实现了100%焊接机器人作业。如图4-5所示为焊接机器人作业。

图4-5 焊接机器人作业

笔记

2. 喷涂机器人的应用

喷涂机器人可进行自动喷漆。它一般采用液压驱动，具有动作速度快、防爆性能好等特点。如图4-6所示为喷涂机器人喷涂汽车车身。

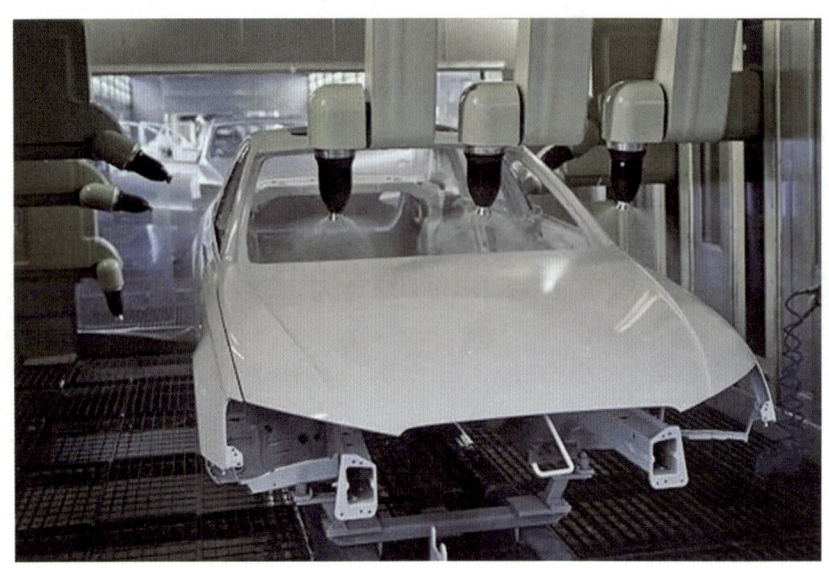

图4-6　喷涂机器人喷涂汽车车身

知识链接

在车身喷涂作业中使用喷涂机器人具有以下优点。
（1）柔性大，工作范围大，可实现多种车型的混线生产，如轿车、旅行车、皮卡等车身混线喷涂。
（2）能提高喷涂质量和材料使用率。
（3）易于操作和维护，可离线编程，大大缩短现场调试时间。
（4）设备利用率高，喷涂机器人的利用率可达90%～95%。

3. 装配机器人的应用

装配机器人可以完成汽车生产线上一些零部件的装配和拆卸工作。使用装配机器人可以保证汽车的装配质量、降低成本、提高自动化水平。

装配机器人是柔性自动化装配系统的核心设备，具有精度高、柔性好、工作空间小、能与其他系统配套使用等特点。如图4-7所示为装配机器人作业。

模块四　掌握汽车智能制造加工技术

图 4-7　装配机器人作业

4. 搬运机器人的应用

搬运机器人应用在汽车智能制造的生产线上，一般用于机床上下料、自动装配流水线、车间原材料的码垛搬运等场合，可实现一系列工作的自动化，不仅能有效地解放劳动力，而且能提高搬运工作的实际效率。如图 4-8 所示为搬运机器人搬运车架进入下一个生产线。

图 4-8　搬运机器人搬运车架进入下一个生产线

请同学们分析一下，焊接机器人、喷涂机器人、装配机器人、搬运机器人分别属于前文所讲"工业机器人的分类"中的哪一类。并给出合理的理由。

73

单元二 3D 打印技术

一、3D 打印技术概述

3D打印技术也称为增材制造技术，它融合了光学、电气、CAD、材料加工与成型等技术，以数字模型文件为基础，可通过软件与数控系统将专用的金属材料、非金属材料或医用生物材料，按照挤压、烧结、熔融、光固化、喷射等方式逐层堆积，制造出实体物品。相对于传统的材料去除（切削加工）技术，3D打印技术是一种自下而上的累加材料的制造方法，是一种从无到有的制造模式。

科技之光：3D打印技术

1. 3D打印技术的原理

3D打印技术采用离散、堆积原理，先通过CAD软件设计或扫描建立3D模型，并根据一定的坐标轴将3D模型分层切片，得到各层界面的轮廓；将分层后的数据进行一定的处理后，输入加工参数并生成数控代码；然后在计算机的控制下，以平面加工方式有序地连续加工，形成各截面轮廓，并使它们自动黏结成立体原型；最后经过后续处理得到所需要的零件。3D打印的基本步骤如图4-9所示。

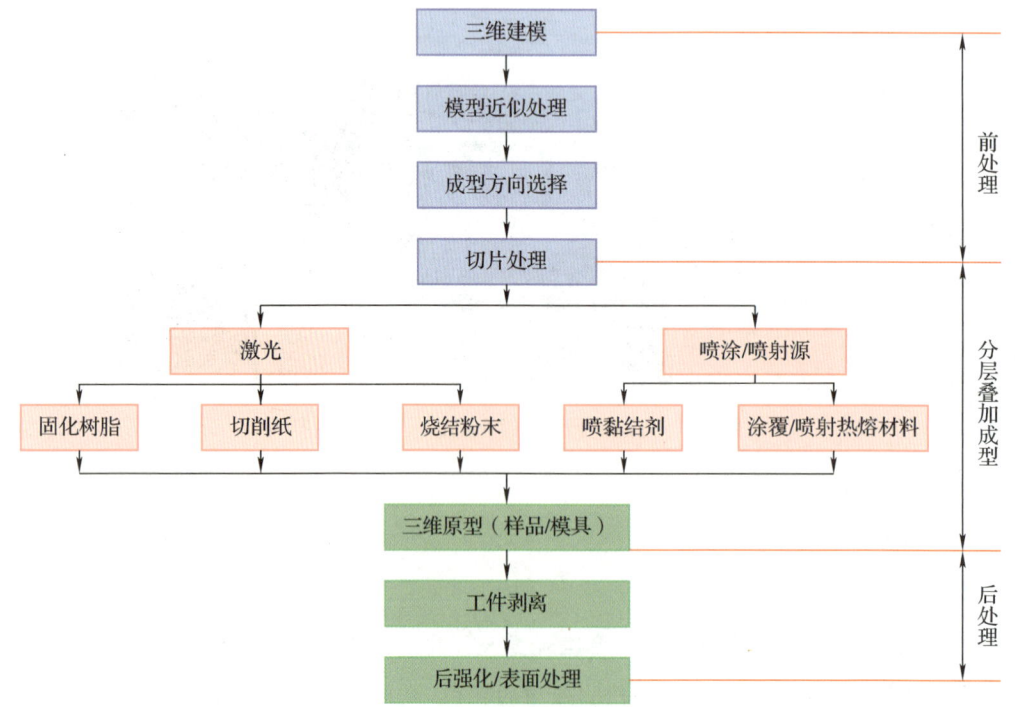

图4-9　3D打印的基本步骤

2. 3D打印技术的特点

3D打印技术具有数字制造、分层制造、直接制造、快速制造等特点。

1)数字制造

3D打印技术可借助CAD等软件将产品结构数字化,进而驱动机器设备进行打印。数字化文件还可以借助网络进行传递,实现异地分散化制造的生产模式。

2)分层制造

分层制造即将三维结构的物体先分解为二维层状结构,然后通过机器逐层打印形成三维实体。从原理上讲,利用3D打印技术可以制造出任何复杂的结构,且制造过程更加柔性化。

3)直接制造

任何难成型的实体均可通过3D打印技术一次性直接制造出来,且不需要经过组装拼接等复杂过程。因此3D打印可以制造出传统工艺方法难以加工,甚至无法加工的结构,同时大大缩短了复杂零件的制造周期和成本。

4)快速制造

3D打印技术工艺流程短、全自动、可实现现场制造,因此其制造过程更快速、更高效,不需要刀具、模具,所需工时、夹具也大幅度减少。它可以使零件的整体制造周期大大缩短。

二、3D打印技术的基本工艺

根据材料成型原理的不同,3D打印技术的基本工艺可分为光固化成型工艺、熔融沉积成型工艺、激光选区烧结工艺和叠层实体制造工艺。

1. 光固化成型工艺

光固化成型(SLA)也称为立体光刻印刷,是最早实用化的快速成型技术。它以光敏树脂为原料,通过计算机控制紫外激光使光敏树脂逐层凝固成型。这种方法能简捷、全自动地制造出表面质量和尺寸精度较高、几何形状较复杂的原型。

1)SLA工艺的原理

如图4-10所示为SLA工艺的原理。3D打印机上有一个盛满液态光敏树脂的液槽,激光器在控制设备的控制下发出特定波长与强度的激光束,按零件的各分层截面信息在光敏树脂表面进行逐点扫描。被扫描区域的树脂薄层吸收能量后,产生光聚合反应,按由点到线、由线到面的顺序凝固,完成一个薄层的作业。然后升降台下降一个薄层的高度,进行下一层的扫描,新固化的光敏树脂会黏结在前一层上,如此反复,直到整个原型制造完成。取出原型并去掉支撑,进行清洗,完成原型的后处理,即可获得零件。

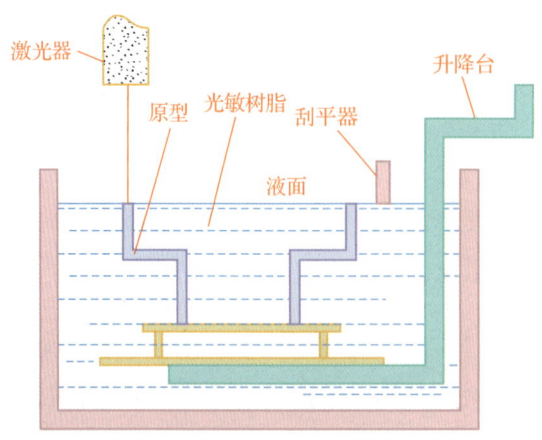

图4-10　SLA工艺的原理

2）SLA工艺的特点

经过多年的发展，SLA工艺已经日益成熟可靠。SLA工艺具有以下几个优点。

（1）成型精度高，可以达到微米级别。

（2）表面质量优良，比较适合成型结构十分复杂、尺寸比较精细的零件。

（3）成型速度快，系统工作相对稳定。

（4）可以直接制作面向熔模精密铸造的、具有中空结构的零件。

> **小贴士**
>
> 熔模精密铸造是指用蜡做成模型，在模型外表包裹多层黏土、黏结剂等耐火材料，然后加热使蜡熔化流出，从而得到由耐火材料形成的空壳，再将金属熔化后灌入空壳，待金属冷却后将耐火材料敲碎得到金属零件。这种金属的加工工艺也称为熔模铸造或失蜡铸造。

（5）制作的原型可以在一定程度上替代塑料件。

（6）材料利用率极高，接近100%。

此外，SLA工艺也具有以下几个缺点。

（1）设备造价昂贵，维护成本较高。

（2）成型零件为树脂类零件，材料价格贵，强度、刚度、耐热性有限，不利于长期保存。

（3）光敏树脂对环境有污染，会使人皮肤过敏。

（4）成型时需要支撑件，去除支撑件时容易破坏成型零件。

（5）在光固化成型后的原型中，光敏树脂并未完全固化，所以一般都需要二次固化。

2. 熔融沉积成型工艺

熔融沉积成型（FDM）又称为熔丝沉积成型，是最常见的一种同步送料型工艺，应用比较广泛。

1)FDM工艺的原理

3D打印机将丝状的热熔性材料（简称丝材）进行加热融化，使用带有细微喷嘴的喷头将丝材挤出。喷头可以沿 x 轴的方向移动，工作台则沿 y 轴和 z 轴方向移动。熔融的丝材被挤出后会立即和前一层材料黏结在一起。一层材料沉积后，工作台会按预定的增量下降一层的高度，然后重复以上步骤，直至原型成型，如图4-11所示。

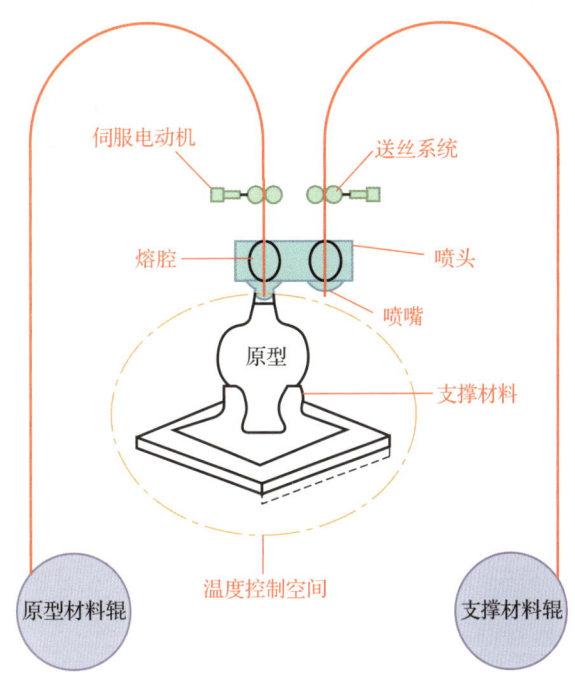

图4-11　FDM工艺的原理

2)FDM工艺的特点

FDM工艺发展迅速，主要是因为它有其他3D打印工艺无法比拟的优点，具体如下。

（1）不使用激光，维护简单，成本低。

（2）丝材清洁，更换容易。与其他使用粉末和液态材料的工艺相比，FDM工艺使用的丝材不会引起粉末或液体污染，且不产生垃圾。

（3）工艺简单，易操作，后处理时仅需几分钟即可剥离支撑。

（4）可以成型任意复杂程度的零件，常用于成型具有复杂内腔或孔的零件。

（5）原材料利用率高，且制件使用寿命长。

（6）采用多种喷头时，可将多种材料融入同一实体中。

除了以上优点外，FDM工艺还有以下几个缺点。

（1）成型精度不高，约为0.1 mm。

（2）原型表面平整度较差。由于FDM制品是由一定厚度的丝材逐层黏结堆积而成的，因此其不可避免地会产生台阶（阶梯）效应，即表面有较明显的条纹，后续需要抛光处理。

（3）由于成型时间长，制作大型薄板件时易发生翘曲变形。原型沿成型轴方向的强度比较弱，易开裂。

3. 激光选区烧结工艺

激光选区烧结（SLS）也称为选择性激光烧结。SLS是利用粉末材料（金属或非金属）在激光照射下烧结的原理，使粉末材料在计算机控制下层层堆积成型的一种工艺。理论上任何可溶粉末都可以用来制造真实的原型。

1）SLS工艺的原理

如图4-12所示为SLS工艺的原理。3D打印机工作时，铺料辊先将粉末材料平铺在工作台上，激光器按照设定好的信息，有选择地在其上扫描。粉末材料在高强度的激光照射下被烧结。然后工作台下降一层的高度，铺料辊在上面再铺上一层均匀密实的粉末材料，进行新一层截面的烧结，并与下面已成型的部分黏结。如此循环直至完成整个原型。

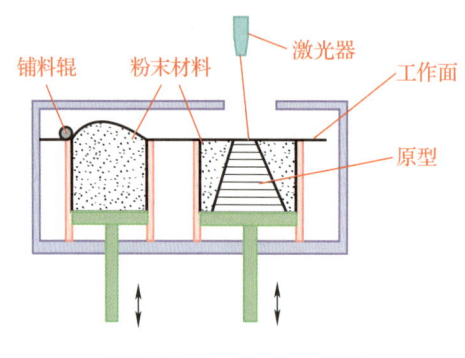

图4-12 SLS工艺的原理

2）SLS工艺的特点

SLS工艺的优点如下。

（1）可用材料十分广泛。从原理上讲，SLS工艺可采用加热时黏度较低的任何粉末材料，制造出各种实体，以适应不同的需要。

（2）精度高。依赖于使用的材料种类和粒径、产品的几何形状和复杂程度，该工艺一般能够达到0.05 mm的尺寸公差。

（3）无须支撑结构。叠加过程中出现的悬空层面可直接由未烧结的粉末进行支撑。

（4）材料利用率高。由于SLS工艺不需要支撑结构，不会出现工艺废料，材料利用率可达100%。

除了上述优点外，SLS工艺还具有以下几个缺点。

（1）获得的原型内部结构疏松、多孔、有内应力，表面质量差。

（2）陶瓷、金属原型的后处理较复杂。

（3）成型过程能量消耗较大，且高分子材料或粉粒在激光烧结熔化时会产生有害气体，污染环境。

4. 叠层实体制造工艺

叠层实体制造（LOM）是利用背面带有粘胶的纸材相互黏结成型，得到原型零件的一种工艺。

1）LOM工艺的原理

如图4-13所示，3D打印机工作时，送料辊将背面涂有热熔胶的纸材送至工作台，激光器按照计算机提取的截面轮廓数据,用激光切割出该层截面的轮廓。切割完一层后,工作台下降一层的高度,送料辊将新一层的纸材叠加上,热压辊将新纸材与已切割层黏结在一起,然后激光器再次进行切割,如此反复操作,最终得到所需的原型。

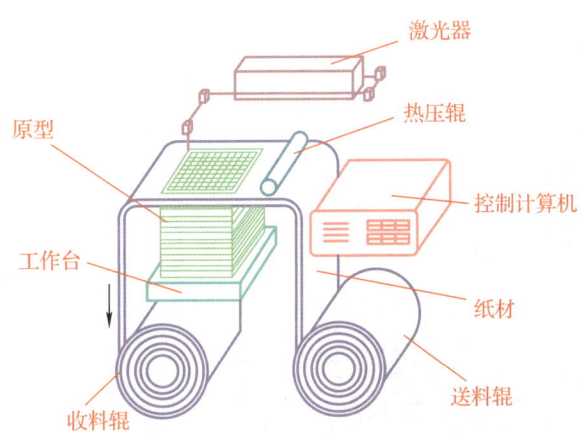

图4-13　LOM工艺的原理

2）LOM工艺的特点

LOM工艺的优点如下。

（1）无须构建支撑结构。

（2）原型具有较高的硬度和较好的力学性能,可进行各种切割加工。

（3）成型速度快,成型后废料易剥离,无须固化处理工序,常用于加工内部结构简单的大型零件。

（4）原材料价格低,制造成本较低。

LOM工艺的缺点如下。

（1）有激光消耗,设备运行维护费用高。

（2）工件表面有台阶纹,难以构建形状精密、多曲面的零件,仅限于构建结构简单的零件,且原型的抗拉强度和弹性较低。

（3）可实际应用的原材料种类较少,目前常用的材料有纸、金属薄膜、陶瓷膜等。

三、3D打印技术在汽车智能制造中的应用

3D打印技术已广泛应用于汽车制造领域,它适合于多品种、小批量、结构复杂的零件制造,可使汽车制造更智能化。并且随着这一技术的发展,其应用范围将不断拓展。以下简要介绍3D打印技术在现阶段汽车智能制造领域的应用。

1. 制造工艺与装配的检验

3D打印可以较精确地制造出汽车零件中的任意结构细节。借助3D打印的实体模型和设计文件,可有效指导零件的工艺设计,并能对产品进行装配检验,以避免结构和工艺设计错误。

2. 汽车零件的直接制造

3D打印技术可用于制造汽车内外饰零件，如仪表盘、转向盘、操纵杆、保险杠、车灯等。此外，3D打印技术还适合小尺寸零件的批量生产，如电动机的绝缘片、接线端子、紧固件和螺钉等。如图4-14所示为采用3D打印机批量生产绝缘片。

图4-14　采用3D打印机批量生产绝缘片

3. 汽车模具的快速制造

模具是汽车制造业重要的基础工艺装备，其结构复杂、制造精度高、可靠性高、使用要求高。传统的汽车模具制造，往往生产时间长、成本高。将3D打印技术应用于汽车模具制造，可大大缩短汽车模具的开发周期，提高生产效率，还有助于提高精密模具的数字化、智能化制造水平。

3D打印技术在模具制造方面可分为直接制模和间接制模两种。直接制模是采用3D打印技术直接堆积制造出模具；间接制模是先快速制出成型零件，再由零件得到所需要的模具。如图4-15所示为3D打印机在制作模具。

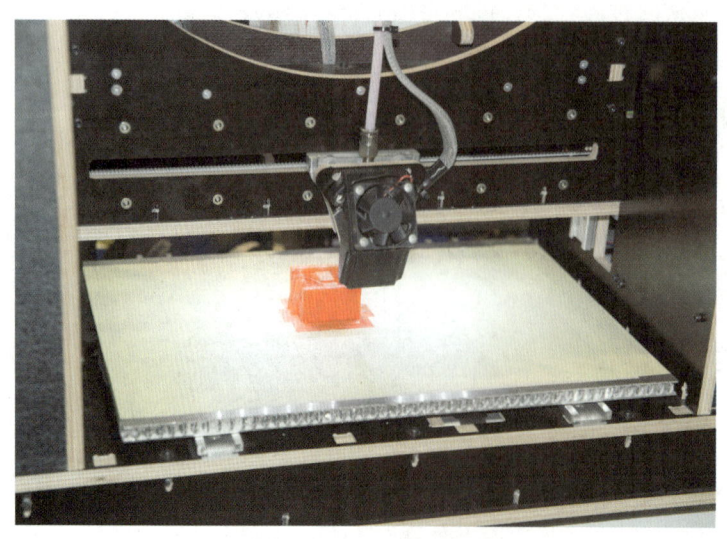

图4-15　3D打印机在制作模具

单元三　数控加工技术

一、数控加工技术概述

数控又称为计算机数控（CNC），在机床领域指用通用或专用计算机对机床的运动及加工过程进行控制的一种自动化技术。其控制对象一般是位置、角度和速度等机械量，但也有温度、流量和压力等物理量。

数控机床是一种通过数控系统（即计算机）来实现自动加工的机床，或者说是装备了数控系统的机床。它是一种技术密集度及自动化程度很高的机电一体化加工设备，是数控技术与机床相结合的产物。

数控加工技术是指在数控机床上自动加工零件的一种工艺方法。使用数控机床加工零件时，先将编好的程序输入到数控系统中，再由数控系统控制机床主运动的变速、启停，进给运动的方向、速度和位移大小，以及刀具的选择与安装、工件的夹紧与松开、冷却润滑液的启停等。最后使刀具、工件及其他辅助装置严格地按照数控系统规定的顺序、路径和参数进行工作，从而加工出形状、尺寸与精度均符合要求的零件。

1. 数控加工技术的流程

一般来说，数控加工技术的流程主要包括以下内容，如图4-16所示。

（1）选择/确定要数控加工的零件。

（2）对零件图样进行数控加工的工艺分析。

（3）设计数控加工工艺。

（4）编写数控加工程序。编程时，需对零件图样进行数学处理。

（5）将数控加工程序导入数控系统。

（6）数控加工程序的校验与修改。

（7）首件试加工与现场问题处理。

（8）数控加工技术文件的定型与归档。

2. 数控加工技术的特点

数控加工技术与普通机床加工技术相比，具有以下特点。

1) 工艺的内容十分具体

进行数控加工时，设计数控加工工艺要认真考虑，而且必须设置在数控加工程序中。对于普通机床加工，许多具体的工艺问题无须在编制加工程序时过多考虑，都是由操作工人根据自己的经验和习惯自行决定的。

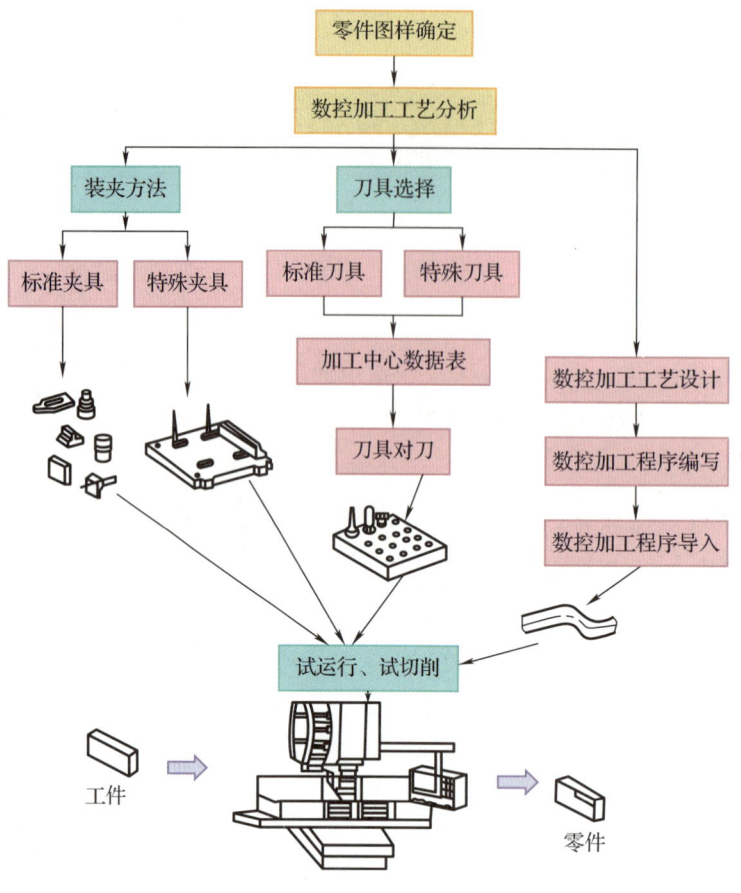

图4-16 数控加工技术的流程

2）工艺的设计要求严密

数控机床虽然自动化程度较高，但自适应性差。它不像普通机床可以在加工时根据加工过程中出现的问题，比较自由地进行人为调整。所以，数控加工技术的工艺设计必须考虑加工过程的每一个细节，如零件图样的数学处理和数控程序编程等要力求准确无误，否则会造成加工过程中的干涉、超程等现象，严重时还会损坏数控机床零件，造成设备或人身安全事故。

3）工序相对集中

由于数控机床加工零件时，能在一次装夹后加工出零件的多个表面，因此为减少装夹误差和辅助时间，数控加工技术往往采用工序相对集中的工艺方法。

4）适合多品种、小批量或中批量生产

由于数控加工的对象一般为较复杂的零件，且工序相对集中，因此数控加工技术适合占机械加工总量70%～80%的多品种、小批量或中批量生产。

知识拓展

对于占机械加工总量20%～30%的大批量生产，适合采用专用多工位组合机床或自动机床形成的生产线。

二、数控机床

1. 数控机床的组成

数控机床是机电一体化的典型产品，它是以电子信息技术为基础的，集机械制造技术、计算机技术、现代控制技术、传感检测技术、信息处理技术、网络通信技术、液压气动技术和光机电一体化技术等于一体的，由数字程序实现控制的机床，如图4-17所示。

图4-17　数控机床

数控机床一般由机床本体、CNC装置（或称CNC单元）、输入/输出设备、伺服单元、驱动装置（或称执行机构）、PLC（可编程逻辑控制器）、测量装置及辅助装置组成，如图4-18所示。其中，除机床本体之外的部分统称为CNC系统。

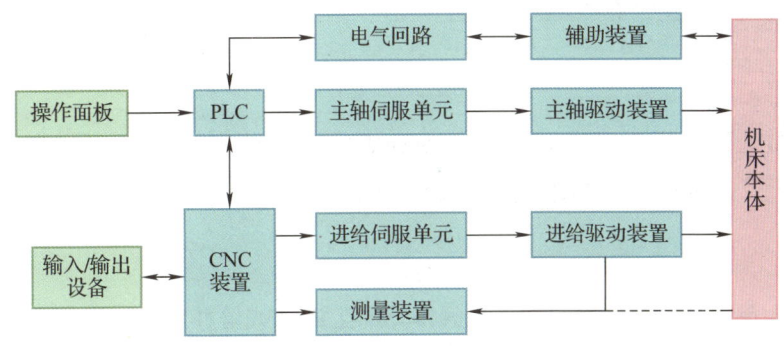

图4-18　数控机床的组成

1）机床本体

机床本体由于精度和生产效率高，容易发热，且不能像普通机床那样由人工进行调整、补偿，因此机床本体应具有更好的抗振性和更大的刚度，且相对运动面的摩擦因数更小，进给传动部分间隙更小。所以其设计要求比普通机床更严格，需要采用增大刚度、减小热变形、提高精度等设计措施。

2）CNC装置

CNC装置是CNC系统的核心，一般指控制机床运动的微型计算机，主要包括微处理器（CPU）、存储器、局部总线、外围逻辑电路、与其他部分联系的接口等。其功能是接收输入设备输入的加工信息，进行处理与计算，并发出相应的脉冲信号送给伺服系统，通过伺服系统使机床本体按预定的轨迹运动。

3）输入/输出设备

加工信息（如工艺过程、工艺参数和位移数据等）要经输入设备传输给CNC装置。常见的输入设备有光电阅读机、键盘、U盘等。此外，加工信息还可以通过串行通信、IP网络通信的方式输入。

CNC系统通过输出设备（如显示器）为操作人员提供必要的信息。显示的信息可以是正在编辑的程序、坐标值及报警信号等。

4）伺服单元

伺服单元是联系CNC装置和机床本体的装置，它可将来自CNC装置的微弱指令信号放大成控制驱动装置的大功率信号。根据接收指令信号的不同，伺服单元有脉冲式和模拟式之分，而模拟式伺服单元按电源种类不同又可分为直流伺服单元和交流伺服单元。

5）驱动装置

驱动装置可将放大的指令信号变为机械运动，并通过简单的机械连接部件驱动机床本体，使工作台精确定位或按规定的轨迹做严格的相对运动，最后加工出满足要求的零件。与伺服单元相对应，驱动装置也分直流伺服电动机和交流伺服电动机等。

> 伺服单元和驱动装置合称为伺服驱动系统，它是机床本体工作的动力装置，实施CNC装置的指令内容。数控机床功能的强弱取决于CNC装置，而数控机床性能的好坏取决于伺服驱动系统。

6）PLC

PLC是一种以微处理器为基础，综合了计算机技术、自动控制技术等的通用型自动控制装置，专为工业环境下应用而设计，可控制各类型的机械设备或生产过程。

7）测量装置

测量装置也称为反馈元件，通常安装在机床本体的工作台或丝杠上，相当于普通机床的刻度盘和人的眼睛。它可将工作台的实际位移转变成电信号反馈给CNC装置，供CNC装置与指令信号比较产生误差信号，进而控制机床本体移动消除误差。此外，测量装置可以在线显示机床本体移动部件的坐标值，大大提高机床本体的工作效率和加工精度。

8）辅助装置

辅助装置是为了充分发挥数控机床的功能所必需的配套装置。常用的辅助装置有液压装置、排屑装置、冷却装置、润滑装置、防护装置、照明装置等。

2. 数控机床的特点

与普通机床相比，数控机床有如下特点。

1）加工精度高，加工质量稳定

数控机床有较高的精度、刚度和热稳定性，且其加工精度不受零件复杂程度的影响。零件加工的质量由机床保证，完全消除了操作者的人为误差，加工误差一般能控制在 0.005～0.01 mm，且同一批零件加工尺寸的一致性好，加工质量稳定。

2）生产效率高

数控机床结构刚度高、功率大，能自动进行切削加工，因此它能选择较大的、合理的切削用量，并自动连续完成整个切削加工过程，大大缩短机动时间。此外，在使用数控机床加工零件时，只需使用通用夹具，免去划线等工作，大大缩短加工准备时间。

3）能减轻劳动强度，改善劳动条件

在数控机床加工零件的过程中，除了拆卸零件、操作键盘和观察机床运动外，其他动作均是机床按程序要求自动连续进行的，操作者不需要进行繁重的手工操作。因此数控机床能减轻工人的劳动强度，改善劳动条件。

4）适应性强，灵活性好

数控机床能实现几个坐标联动，加工程序可按零件要求进行变换，所以其适应性强，灵活性好，可以加工普通机床无法完成的形状复杂的零件。

5）有利于生产管理

数控机床能准确地计算零件的加工工时，并有效地简化刀具、夹具、量具和半成品的管理工作。

三、数控加工技术在汽车智能制造中的应用

数控加工技术在汽车智能制造中有着非常重要的应用。下面以其在汽车零件制造和汽车装配中的应用为例进行说明。

1. 在汽车零件制造中的应用

在汽车制造领域中，许多零件的外形均为自由曲面，如叶片曲面、螺旋桨叶曲

数控加工技术究竟有何过人之处

面等，因此其形状复杂，难以加工，且对精度要求高。此时用多轴数控机床加工，可以很好地解决问题。例如，汽车发动机的活塞、变速箱的轴和齿轮等复杂的零件都可以在多轴数控机床上进行加工。

多轴数控机床能同时控制4个及以上坐标轴的联动，将数控铣、数控镗和数控钻等功能组合在一起。工件在一次夹装后，多轴数控机床可以对其加工面进行铣、镗、钻等多工序加工，有效地避免由于多次夹装造成的定位误差，并且能够缩短生产周期，提高加工精度。如图4-19所示为多轴数控机床加工汽车零件。

图4-19　多轴数控机床加工汽车零件

2. 在汽车装配中的应用

汽车装配过程会用到多种数控设备，它们可以实现高效率、高精度的零部件装配。例如，在安装轮胎时，数控拧紧设备的控制系统能根据工艺需求自动识别判断，拧紧轮胎上的螺栓等。如图4-20所示为数控拧紧设备安装轮胎。

图4-20　数控拧紧设备安装轮胎

单元四　精密与超精密加工技术

一、精密与超精密加工技术概述

精密与超精密加工技术是现代高科技产业和科学技术的发展基础，以及现代制造科学的发展方向。超精密加工技术一般不是特指某种特定的加工方法或比某一个给定的加工精度更高的加工技术，而是在机械加工领域中，一个时期内所能达到最高加工精度的各种加工方法的总称。目前的超精密加工技术，以不改变工件材料物理特性为前提，以获得极限的形状精度、尺寸精度、表面质量及表面完整性为目标。

> **小贴士**
>
> 表面完整性是指表面没有或有极少的表面损伤，如微裂纹、残留应力和组织变化等。

精密与超精密加工技术是指加工精度和表面质量达到极高程度的加工工艺。随着加工技术的发展，精密与超精密加工技术的指标也在不断变化。

通常，按照加工精度可将机械加工分为一般加工、精密加工和超精密加工三个阶段。精密与超精密加工代表了加工精度发展的不同阶段。精度为 0.1～1 μm、表面粗糙度 Ra 为 0.02～0.1 μm 的加工方法称为精密加工；精度为 0.01～0.1 μm、表面粗糙度 Ra 小于 0.01 μm 的加工方法称为超精密加工。

精密与超精密加工技术的
背后是匠心的传承

二、精密与超精密加工技术的影响因素

精密与超精密加工技术的影响因素包括被加工材料、加工设备、加工检测、误差预防与误差补偿、加工环境和加工工艺等。

1. 被加工材料

精密与超精密加工技术对被加工材料的化学成分、物理性能、工艺性能等均有严格要求。例如，被加工材料应质地均匀、性能稳定，无外部及内部微观缺陷，化学成分不含杂质，物理性能（如拉伸强度、硬度、延伸率、弹性模量、热导率和膨胀系数等）应达到一定数量级。被加工材料在冶炼、铸造、辗轧、热处理等工艺过程中，应严格控制熔渣过滤、辗轧方向、温度等，使加工后的材料能满足物理、化学等性能要求。

2. 加工设备

精密与超精密加工技术对加工设备有下列要求。

（1）精度高。加工设备的精度主要是指动、静态精度，如主轴回转精度、导轨运动精度、分度精度等，主要的性能指标有几何精度、定位精度和重复定位精度、分辨率等。

（2）刚度高。除设备本身刚度高外，还应注意接触刚度及由零件、机床、刀具、夹具所组成的工艺系统的刚度。

（3）稳定性好。加工设备在规定的工作环境下，应能长时间保持高精度且抗干扰地稳定工作。加工设备还应有良好的耐磨性、抗振性等。

（4）自动化程度高。为保证加工质量，减少人为因素的影响，加工设备多采用数控系统实现高度自动化加工。

3. 加工检测

精密与超精密加工技术必须具备相应的检测方法，不仅要检验零件的表面质量精度，而且还要检验加工设备和基础元件的精度。

尺寸和形位精度可用电子测微仪、电感测微仪、电容测微仪、自准直仪和激光干涉仪（见图4-21）来测量。表面粗糙度可用电感式、压电晶体式表面形貌仪进行接触测量，或用光纤法、电容法、超声微波法和隧道显微法进行非接触测量。表面应力、表面变质层深度、表面微裂纹等缺陷，可用X光衍射法、激光干涉法等来测量。

图4-21　激光干涉仪

4. 误差预防与误差补偿

误差预防和误差补偿是提高精密与超精密加工技术的重要措施。误差预防即通过提高机床加工精度、保证加工环境的条件等来减少误差源，从而消除或减小加工误差。误差补偿是指在线检测加工误差，并实时进行建模与动态分析，根据动态分析结果对误差源进行补偿，从而消除或减少误差。

5. 加工环境

任何工作环境的变化都可能影响加工的精度，导致加工精度达不到要求。因此精密与超精密加工必须在超稳定的环境下进行。超稳定的环境指标主要有恒温、超净和防振三个方面。

1）恒温

精密与超精密加工一般应在多重恒温条件下进行，不仅放置机床的房间应保持恒温，机床及部件也应采取特殊的恒温措施。一般要求加工区温度和室温保持在 20 ± 0.06 ℃的范围内。

2）超净

超净的加工环境也很重要，因为环境中的硬粒子会严重影响被加工材料表面的质量。

3）防振

由于外界振动对加工的精度和表面粗糙度影响很大，因此必须采取有效的防振措施进行精密与超精密加工。例如，将数控机床安装在专用的隔振设备上，且在放置数控机床的车间安装隔振地基。

6. 加工工艺

精密与超精密加工技术的工艺包括精密与超精密切削、磨削、研磨、抛光和微细（超微细）加工。

1）精密与超精密切削

精密与超精密切削以SPDT技术为开端，以空气轴承主轴、主动滑板等高刚性、高精度工具，以及反馈控制和环境温度控制技术为支撑，可获得纳米级表面粗糙度。

小贴士

> SPDT（单点金刚石切削）技术是指使用高精度机床和天然精密单晶金刚石刀具进行切削的技术。

2）精密与超精密磨削

精密与超精密磨削是一种镜面磨削技术，加工对象主要有脆硬的金属材料、半导体材料、陶瓷、玻璃等。目前应用最多的是ELID磨削技术。

知识链接

> ELID磨削技术将砂轮修整与磨削过程结合在一起，在利用金属基砂轮进行磨削加工的同时，利用电解方法对砂轮进行修整，从而实现对脆硬材料的连续超精密镜面磨削。它可以对多种不同材料零件（如钢、硬质合金、陶瓷、光学玻璃和硅片等）的平面、外圆和内孔进行磨削，达到镜面。

3）精密与超精密研磨

精密与超精密研磨可将平面粗糙度降低至微米以下，并去除前道工序（通常为磨削）产生的损伤层。

4）精密与超精密抛光

精密与超精密抛光是目前的终加工工序，通常选用粒度大小只有几纳米或几十纳米的抛光微粒面进行抛光，以达到极高的表面质量，进而获得光滑、无损伤的零件表面。目前应用广泛、技术成熟的是化学机械抛光（CMP）技术。

知识链接

CMP技术是化学作用和机械作用相结合的加工技术，其过程复杂，影响因素也很多。首先工件表面与抛光液中的氧化剂、催化剂等发生化学反应，生成一层相对容易去除的软质层。然后软质层在磨料和抛光垫的机械作用下被去除，工件表面重新显现出来，再进行化学反应。这样在化学作用和机械作用的交替进行中可完成工件表面抛光。

5）微细（超微细）加工

微细（超微细）加工是在半导体集成电路制造技术的基础上形成并发展的。它以电子束、离子束和激光束加工为基础，采用沉积、刻蚀、溅射和蒸镀等加工手段进行各种处理。

三、精密与超精密加工技术在汽车智能制造中的应用

精密与超精密加工技术应用于汽车制造，可大幅度提高汽车性能、质量、服役生命和安全性，且节能效果显著，满足人们对高性能汽车的需求。下面以精密与超精密加工技术在汽车发动机和汽车轴承中的应用为例进行说明。

1. 汽车发动机的制造

精密与超精密加工技术可降低发动机零部件的表面粗糙度，提高气缸、缸盖、活塞等零件的加工精度，使发动机的效率和马力大大提高，同时减少油耗，进而节省能源。

有结果表明，由加工精度的差异引起的发动机压缩比的改变对发动机的性能会产生显著影响。例如，在其他条件不改变的情况下，提高发动机的加工精度，可将发动机的功率和扭矩均提升0.7%左右，油耗降低0.5%左右。

2. 汽车轴承的制造

精密与超精密加工技术用于轴承的制造，可提高轴承滚动体和滚道的加工精度，进而减小传动链的传动误差，使轴承的转速大大提高。轴承转动过程中，其内部零件咬合得严密，可减少振动和噪声，使乘车人员和驾驶人员的舒适指数提高。

视野拓展

我们是数字时代智能制造的先行者

"终于没有辜负大家,也没有辜负自己!"面对记者,23岁的申梓煜感慨道。

在2021年12月落幕的第四届全国智能制造应用技术技能大赛决赛中,申梓煜与搭档许化龙(见图4-22),连续5个小时零失误完成比赛,最终拿下了精密模具智能制造系统应用技术项目冠军。这也让入职徐工集团工程机械有限公司挖掘机械事业部不到两年的申梓煜和搭档许化龙一举获得"全国技术能手"荣誉称号。两位年轻人是操作工与工艺师的组合,是徐工集团新时代"数字工匠"大军的代表。

图4-22 申梓煜与搭档许化龙正在认真训练

2020年,申梓煜从江苏安全技术职业学院毕业进入徐工集团,成为数控加工中心的一名操作工。学生时期就被老师同学称为"小工匠"的他,走上岗位第一天就暗下决心:"一定要干出个样子来。"他刻苦钻研,积极提出改进建议,主动解决技术难题,很快就脱颖而出。在经过车间渐进式岗位培训后,他被公司纳入高技能人才第三梯队,成为重点培养对象。

看到拥有"全国技术能手""全国青年岗位能手"等荣誉的老师傅们始终保持着勇攀高峰的劲头和奋进拼搏的热情,申梓煜暗下决心:"一定要像他们一样严格、踏实、上进、创新,在岗位中发挥关键核心作用!"

"产品形状越复杂,加工精度越高,难度系数越大。"深知"数控"是一门精度极高的技术活儿的申梓煜,如今不仅能操作车间内所有的立式、卧式、数控双面镗铣加工中心设备,还熟练掌握了程序理论、设备原理,不断精进操作技能,提升操作精确度。

不是科班出身的许化龙的成长,得益于公司大力推进"智造4.0"工厂建设,他不断钻研,设计出了集压力监控预警、自动测量找正等功能于一体的自动化工艺装备。同时,许化龙带领团队顺应数字化发展需求,研发出反变形控制"波浪铣"加工工艺,设计专用偏心反铣刀具,改进工艺装备20余套,申报了6项专利,获得2020年徐工集团"先进个人"称号。

当下,智能制造呼唤"数字工匠",呼唤"四两拨千斤"的数字技能与"千万锤成一器"的工匠精神融于一身的工匠。随着5G、人工智能、数字孪生、大数据等新一代信息技术的成熟及应用,徐工集团正在实现生产少人化、自动化和柔性化的精益绿色高端智造。

"我们不是传统的工人,也不是科学家,而是数字时代的先行者。"申梓煜与许化龙认为,他们要通过数字化技术和团队协作,不断促进传统工业与互联网融合创新,涵养出既精通本行业专业技能,又掌握数字技能的"数字工匠"和新型卓越工程师。

他们意气风发,又清醒自信。"冠军只是人生中一项荣誉,徐工集团的智能制造才是我更广阔的舞台。"许化龙说。申梓煜则表示:"随着智能制造的不断升级,作为一线工人,我要不断提升自己,帮助更多人提高技能水平,为企业发展贡献智慧力量。"

(资料来源:人民网,有改动)

笔记

学习成果检验

一、填空题

1．一台完整的工业机器人由四部分组成，分别为＿＿＿＿＿＿、＿＿＿＿＿＿、＿＿＿＿＿＿和＿＿＿＿＿＿。

2．按照控制系统的控制方式，工业机器人可分为四类，分别为＿＿＿＿＿＿、＿＿＿＿＿＿、＿＿＿＿＿＿和＿＿＿＿＿＿。

3．3D打印技术的特点有＿＿＿＿＿＿、＿＿＿＿＿＿、＿＿＿＿＿＿和＿＿＿＿＿＿。

4．根据材料成型原理的不同，3D打印技术有四种基本工艺，分别为＿＿＿＿＿＿、＿＿＿＿＿＿、＿＿＿＿＿＿和＿＿＿＿＿＿。

5．数控机床由＿＿＿＿＿＿、＿＿＿＿＿＿、输入/输出设备、＿＿＿＿＿＿、PLC、＿＿＿＿＿＿及辅助装置组成。

6．精密与超精密加工技术要求加工设备具有＿＿＿＿＿＿、＿＿＿＿＿＿、＿＿＿＿＿＿和＿＿＿＿＿＿的特性。

二、判断题

1．工业机器人按作业用途的不同，可分为焊接机器人、搬运机器人、喷漆机器人、涂胶机器人和装配机器人等。（　　）

2．3D打印技术就是增材制造技术。（　　）

3．使用数控机床加工零件，加工效率低。（　　）

4．数控机床只有铣、削、磨这些加工工序。（　　）

5．精密与超精密加工只要恒温、超净、防振即可。（　　）

三、简答题

1．简述工业机器人的特点。

2．简述工业机器人的工作原理。

3．简述3D打印技术的工作原理。

4．简述数控加工技术的特点。

模块四 掌握汽车智能制造加工技术

学以致用——应用举例

一、活动描述

随着科学技术的进步，在汽车智能制造过程中所用到的加工技术也在不断地更新。

为了更深入地了解当前汽车智能制造中用到的加工技术，全班同学分组开展"应用举例"活动。每个小组通过查阅资料，获取最新加工技术的应用视频。每组选择3个视频进行讲解，视频内容要涵盖本模块所讲的加工技术。每组讲解时间不超过10分钟。

二、活动实施

（1）全班同学分成若干组，每组5~6个人，并选出一名小组组长。

（2）小组组长分配成员完成收集资料、选择视频等任务。具体执行过程可填写在下方空白处。

（3）将本次活动中遇到的问题、得到的经验等填写在下方空白处。

（4）你认为对汽车智能制造影响最大的是哪个加工技术，并说明原因。

学习成果评价

各组成员根据本模块的学习情况及活动完成情况，完成下面的学习成果评价，如表4-1所示。

表4-1 学习成果评价表

姓名：_____ 组号：_____ 指导教师：_____

评价项目	评价内容	分值/分	教师评分/分
知识 （40%）	了解工业机器人技术	10	
	熟悉3D打印技术	10	
	了解数控加工技术	10	
	熟悉精密与超精密加工技术	10	
技能 （40%）	讲解流畅	10	
	知识阐述比较全面	20	
	表述清晰、有条理	10	
素养 （20%）	具有团队精神	5	
	准备充分，积极、认真参加活动	5	
	认真学习，按时完成学习、活动任务	5	
	具备独立分析问题、解决问题的能力	5	
自我评价			
教师评价			

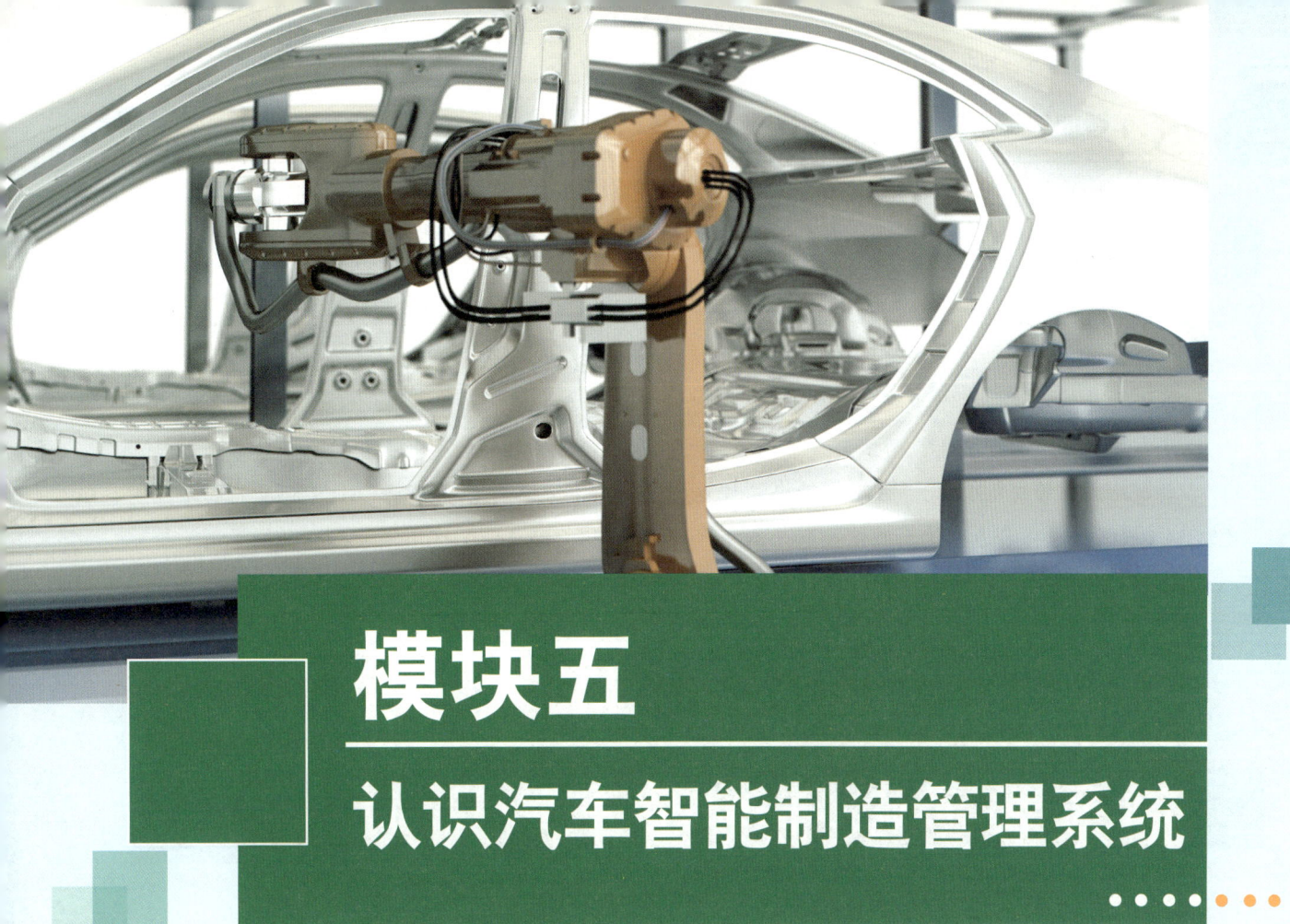

模块五
认识汽车智能制造管理系统

模块导读

　　智能制造是我国建设制造强国的主攻方向，汽车是智能制造战略实施的重要载体和先导性产业，"十四五"时期，随着数字产业化和产业数字化进程明显加快，智能制造的管理系统已经由理念普及、试点示范进入深度应用、全面推广的新阶段。本模块将带大家了解几种汽车智能制造管理系统。

学习目标

知识目标

1. 了解产品全生命周期管理系统。
2. 熟悉企业资源计划系统。
3. 了解制造执行系统。
4. 熟悉供应链管理系统。
5. 了解信息物理系统。

技能目标

1. 能总结出各系统的特征。
2. 能总结出各系统的功能。

素质目标

1. 养成勤奋学习，积极进取的精神。
2. 树立认真严谨的职业意识。
3. 培养脚踏实地、求真务实的工作作风。

模块导入

在汽车智能制造过程中，制造信息的爆炸式增长及工作量的猛增，要求制造管理系统表现出更高的灵敏度和智能化，从而能进一步加快汽车制造企业的转型升级。

从系统的功能角度来看，智能制造管理系统可以看作若干复杂的相关子系统的一个集成，包括产品全生命周期管理（PLM）系统、企业资源计划（ERP）系统、制造执行系统（MES）、供应链管理（SCM）系统及能将各子系统无缝衔接起来的信息物理系统（CPS）等。接下来让我们共同了解下这些系统。

单元一　产品全生命周期管理（PLM）系统

一、PLM 系统概述

PLM系统是指企业针对从产品需求的出现到产品淘汰退出的全过程的管理模式，如图5-1所示为PLM系统的结构。

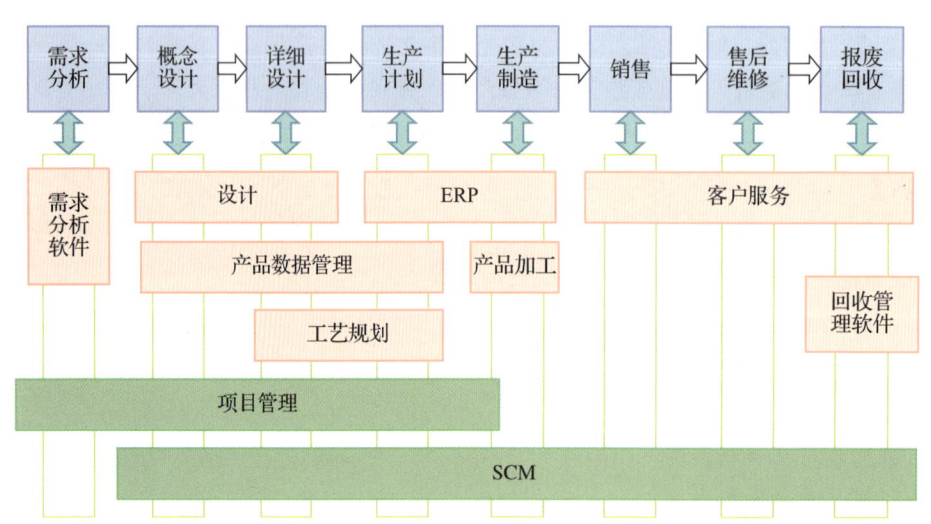

图5-1　PLM系统的结构

PLM系统能在经济、市场和制造全球化的环境下，对产品全生命周期的数据信息进行管理，从而将企业的经营和管理与产品全生命周期紧密联系在一起。PLM系统主要包括产品需求分析、产品设计、生产计划、生产制造、生产测试、销售、售后维修和报废回收等环节，它不仅能应用于单一地点或分散在多个地点的企业内部，还能应用于产品研发领域具有协作关系的不同企业之间。

PLM系统具有以下特征。

（1）兼容性。PLM系统可以应用于不同企业的不同电脑，因此PLM系统具有良好的兼容性，能满足不同计算机系统的要求。

（2）集成性。由PLM系统的结构可知其具有良好的集成性，可集成企业资源计划系统、供应链管理系统、信息物理系统等，实现多种功能的集成应用。

（3）二次开发。各企业不断发展壮大，企业的业务板块会不断增多。面对新增的业务板块，管理人员可对PLM系统进行二次开发，开发出新的模块，使其功能满足需求。

（4）安全性。由于PLM系统的安全性高，因此共同使用PLM系统的众多合作企业在保持紧密联系同时，自身的私有信息不会被泄露、知识产权不会被侵犯，这样就保证了企业的合法权益。

二、PLM系统的意义

1. 提高工作效率

PLM系统可以实现三维数据的可视化协同浏览。例如，异地团队成员无需第三方工具即可访问、评审同一个产品的三维设计，及时有效地反馈设计问题，减少产品的评审成本，简化设计评审流程，大幅度提高工作效率。

2. 提高企业信息化程度

PLM系统用数字化三维设计取代了传统纸质版设计，使企业在一个通用无差别的平台上对这些三维数据进行整合管理，进而对产品的全生命周期进行管理，提高企业的信息化程度。

3. 确保产品设计质量

从产品规划到设计制造，企业都可以通过PLM系统实现产品全生命周期的可视化管理，确保产品演化的所有步骤都有据可依、有源可溯，进而有效地监控与管理产品的设计质量。

三、PLM系统的模块及其功能

PLM系统覆盖了产品从设计到应用的各个业务层面，其主要包括数据管理、项目管理、配置管理、质量管理、协同管理和产品行为管理等模块。这些模块通过信息逻辑关系成为一个有机整体，为各环节产品属性状态的流转、变更、集成和协同提供有效的管理。

PLM系统在汽车智能制造中扮演什么角色

1. 数据管理模块

数据管理模块是PLM系统实现其核心功能的基础。其以企业应用集成技术作为异构系统集成框架，分别应用封装、构件和中间接口等形式完成PLM系统与Office、CAX、ERP系统、SCM系统的集成，从而实现异构系统间数据流的共享。

> **小提示**
>
> CAX是CAD（计算机辅助设计）、CAM（计算机辅助制造）、CAE（计算机辅助工程）、CAPP（计算机辅助工艺计划）、CAQ（计算机辅助质量管理）等各项技术的综合叫法（X表示所有）。

2．项目管理模块

项目管理模块涉及从项目立项到产品需求分析、设计、制造、销售及回收等的各个环节，它能通过创建项目工作分解结构，监控并调整项目单元内的项目进度、经费、质量等计划信息，使每个环节均处于可控、可追溯和可访问状态，从而实现项目进度、经费、质量的综合平衡和动态控制。项目管理模块主要包括任务管理、多层项目计划编制、可行性分析、项目执行过程的跟踪控制、项目资源管理、多项目管理等功能。

3．配置管理模块

配置管理模块是PLM系统的基础，具有识别和确定系统配置的功能。配置管理模块是在知识库推理求解的基础上，通过配置规则和管理配置项，实现对产品主模型的标记与识别，进而实现产品全生命周期不同环节信息的静态配置和可追溯管理。

4．质量管理模块

质量管理模块能够提供多环节的质量协同方案，并通过质量规划、质量控制和质量完善，使企业在正确的时间得到质量合格的产品。

5．协同管理模块

协同管理模块是在系统集成技术的基础上，对PLM系统进行协同化管理的。它在PLM系统的每个环节都要考虑其他各环节的因素，从而实现系统内项目管理的动态协同和配置管理的静态协同。

6．产品行为管理模块

产品行为管理模块可在企业运行规则和相关标准的基础上，实现系统环境、信息安全和产品回收的一致性管理，从而为PLM系统的运行提供可靠保障。

四、PLM系统的软件

PLM系统的软件可以实现异构网络环境下的构件化设计，并具有跨平台能力。PLM系统的软件是连接企业各个业务部门的信息平台与纽带，它能为企业不同的应用系统提供统一的基础信息符号和操作标准，并为企业提供所有设计数据的共享服务，从而使工艺人员、生产部门、采购部门等可以快速了解设计数据和工艺数据的动态信息，实现各部门的协同运作。

异构网络环境是指由不同制造商生产的计算机和系统组成的网络环境，且这些计算机和系统运行不同的操作系统和通信协议，需要使用像路由器一样的多协议传输装置，以保证它们在同一个网络上能够运行不同的通信协议。

多数PLM系统软件采用J2EE平台作为技术支持平台。PLM系统的软件体系结构包括客户层、中间层和企业信息层。其中，中间层分为表示逻辑层和业务逻辑层，这种分层方法可以将企业业务逻辑与用户视图分开，极大地增强了企业应用系统的扩展性和可维护性，使得开发者能迅速改变原有的企业应用逻辑，并将新的应用系统插入到该平台中，从而使企业适应迅速发展的业务环境。

J2EE平台是一套全然不同于传统应用开发的技术架构，包含许多组件，它主要可简化且规范应用系统的开发与部署，进而提高其可移植性、安全性和再用价值。

1. 客户层

客户层包括客户接口和工具。其中，客户接口即客户界面，为人机交互提供可能；工具包括企业邮箱、联络聊天工具等。

2. 表示逻辑层

表示逻辑层用来产生用户视图，并为浏览器客户提供相应的页面显示、定制和客户交互，如权限和用户视图、产品文档数据视图、产品配置视图等。表示逻辑层是客户层和业务逻辑层之间的纽带。

3. 业务逻辑层

业务逻辑层用来实现企业的业务逻辑，其通过开发各种分布式软件构件来实现PLM系统在业务逻辑上的需求，这些构件覆盖了PLM系统各个功能层次上的全部功能设计。

4. 企业信息层

企业信息层用来存储和扩展企业信息，包括数据库系统和扩展企业信息系统，如CAD、SCM、CRM（客户资源管理）等系统。

小贴士

CRM系统是企业和客户之间建立的管理双方接触活动的信息系统。CRM系统通过对客户资料的深入分析,为客户提供满意的服务,增强企业的竞争力。

单元二 企业资源计划(ERP)系统

一、ERP系统概述

ERP系统是通过科学、精准及系统化的管理方法,为企业员工及决策层制订科学有效决策的管理平台。它是在MRP系统的基础上发展而来的,可以保证企业更高效地根据市场配置资源,从而提高企业财富创造的效率,进而为企业在全面智能制造时代的深度发展奠定基础。

知识链接

MRP即物料需求计划,MRP系统是一种计算物料需求量和需求时间的系统,可使生产车间在合适的时间分配到合适数量的物料。

1. ERP系统的特征

1)集成性

ERP系统通常可根据公司内部的工作流和业务流,将不同的信息系统进行集成,改进企业的经营运作方式,完善企业现有的业务流程和工作规范。例如,ERP系统集成了供应链管理功能,在销售方面能够快速响应市场需求。

2)先进性

ERP系统采用了最新的计算机技术,如图形用户界面技术、云计算技术等。

3)个性化

ERP系统为企业所有资源的整合、分配等决策提供了依据,由于ERP系统具有很强的个性化,因此其可以适应不同企业千差万别的情况。

2. ERP系统带来的效益

据资料显示，ERP系统可为企业带来以下经济效益。

（1）库存减少30%～50%。

（2）延期交货情况减少约80%。

（3）采购提前期缩短约50%。

（4）停工待料情况减少约60%。

（5）制造成本降低约12%。

（6）管理人员减少约10%，同时生产能力提高10%～15%。

ERP系统的发展经历了以下几个阶段。

（1）20世纪60年代的MRP系统。MRP系统主要解决生产管理中的物料计划问题。

（2）20世纪70年代的闭环MRP系统。在MRP系统基础上增加动态调整功能后形成了闭环MRP系统。

（3）20世纪80年代的MRP Ⅱ系统。MRP Ⅱ系统是企业对制造资源进行计划、控制和管理的系统，可实现物流与资金流的集成，并增加了模拟功能，可对计划结果进行模拟仿真及评估。

（4）20世纪90年代的ERP系统。ERP系统拓展了MRP Ⅱ系统的管理范围，增加了订单管理、质量控制、运输服务和售后维护等环节，可将所有资源视为整体进行综合管理和利用，从而实现管理效益的最优。

二、ERP系统的模块及其功能

ERP系统主要包括供应链管理、生产控制管理、财务管理和人力资源管理四个模块，各个模块各司其职并相辅相成。

1. 供应链管理模块

供应链管理模块是ERP系统的核心模块之一，其他各模块主要是供应链管理模块的延伸与拓展。供应链管理模块主要由销售管理、采购管理和库存管理三个子模块组成，如图5-2所示。

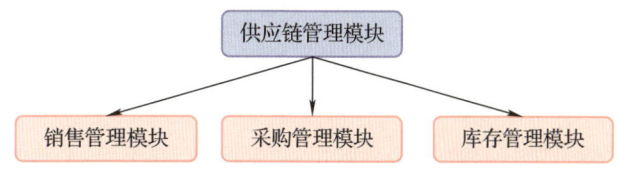

图5-2 供应链管理模块的组成

1）销售管理模块

销售管理模块可对销售中各个环节进行管理，如为企业相关人员提供报价单、销售订单、交货单、发票等。销售环节是ERP系统内整个循环的起点，也是企业生产的目的。

销售模块的主要功能有用户信息管理、销售订单管理、销售统计与分析，如表5-1所示。

表5-1 销售模块的主要功能

功能	功能说明
用户信息管理	对用户信息及相关历史记录进行修改和更新，并对用户信息进行有针对性的分类管理，如对老用户和新用户采取不同的管理模式，以达到保留老用户的同时争取新用户的目的
销售订单管理	主要包括用户信用的查询与审核，产品库存信息的查询，产品的报价，延期交货、分批发货或替代品发货的记录，订单录入、修改与跟踪，交货的确认与处理等
销售统计与分析	将上述信息和功能进行整合与梳理，形成相关销售报表，并输出统计分析信息

2）采购管理模块

采购管理模块可以确定合理的采购数量，并保持最优的库存。同时，采购管理模块与库存管理模块相辅相成。当出现库存不足的情况时，库存管理模块会向采购管理模块发出库存缺货的预警信息，以帮助完成下一步的采购计划。当采购物资入库时，采购管理模块会根据审核合格的到货通知单生成采购入库单，进而修改相应的库存记录。

从供应链的角度出发，采购活动是整个供应链管理中进行"上游控制"的主导力量。采购管理模块的主要功能有提高采购效率、供应商管理、采购统计与分析，如表5-2所示。

表5-2 采购管理模块的主要功能

功能	功能说明
提高采购效率	根据库存、市场供应情况，完成采购计划，同时下单至供应商，生成采购订单。当物料入库时，相关的采购订单进行自动核对。通过建立和管理采购订单，可以实现对采购合同的跟踪、对供应商交货进度的监督，以及对采购活动的绩效评价，提高采购效率
供应商管理	根据评价标准（包括价格、供货质量、交货期、批量柔性、创新潜力和研发能力等）对供应商进行评价，同时选择评价较高的供应商进行长期合作。除选择供应商外，该模块可将供应商的持续评估结果反馈给供应商，帮助其进行自我完善，以便提高采购质量
采购统计与分析	主要是对采购价格和采购数量的相关数据进行统计与分析，为之后的采购计划的制订和采购物资的验收提供决策依据

3）库存管理模块

库存管理模块的主要目标是维持合理的库存数量，使企业既能保证正常的生产运转，又能尽量降低库存成本。该模块可整合不同部门的库存需求，动态调整库存状况，精准地反映库存的历史记录和变化趋势，使企业可以多方位、多角度地了解当前库存状况。库存管理模块也可根据不同的盘点方法进行库存清点。除此之外，该模块还可根据海量的库存数据输出库存分析报告，以进行库存管理的绩效评价。

2. 生产控制管理模块

生产控制管理模块可将整个生产过程有效地整合在一起，以达到产销平衡的目的。生产控制管理模块以计划为导向。首先，企业确定一个总生产计划，再经过系统层层细分后，下达至各部门去执行，即生产部门以此生产，采购部门按此采购等。生产控制管理模块包括主生产计划、物料需求计划、能力需求计划、车间控制管理四个部分，如图5-3所示。

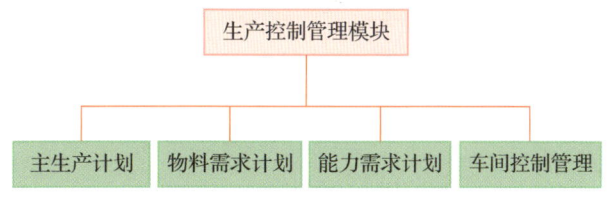

图5-3　生产控制管理模块的组成

1）主生产计划

主生产计划是根据销售预测、销售订单及生产计划来安排各生产环节的产品种类和数量的。它可以将生产计划转化为产品计划，在综合考虑物料供应能力和设备生产能力后，精确制订包括生产时间和生产数量的详尽生产进度计划。

2）物料需求计划

物料需求计划在主生产计划决定生产多少产品后，根据物料清单将整个企业要生产产品的数量转变为生产所需零部件的数量，然后对照现有的库存量，可得需采购的最终数量。该模块的具体功能如下。

（1）采购恰当数量和品种的零部件。选择恰当的时间订货，尽可能维持最低的库存水平。

（2）及时取得生产所需的各种原材料及零部件，保证按时供应用户所需的产品。

（3）保持计划系统负荷的均衡。

（4）规划制造活动、采购活动及产品的交货日期。

3）能力需求计划

能力需求计划的主要功能是在初步确定物料需求计划后，平衡各个工作中心的负荷水平，并据此得出详尽的工作安排，以确定所生成的物料需求计划，对企业现有的生产能力而言是否可行。

4）车间控制管理

车间控制管理可根据动态生产计划，将生产任务分配到相应的车间，然后对具体的生产任务进行排序、管理、监控等活动。具体生产任务在车间的执行情况是反映企业生产能力（如生产质量、生产效率等）的直接数据来源，车间控制管理对这些数据进行统计分析，可为企业做出科学合理的决策提供依据。

3. 财务管理模块

财务管理模块的主要功能为会计核算，以实现对财务数据的分析、预测、管理和控制。它由总账管理模块、应收款/应付款管理模块、工资管理模块、现金管理模块、固定资产管理模块、成本管理模块、财务决策模块等七个子模块组成，如图5-4所示。

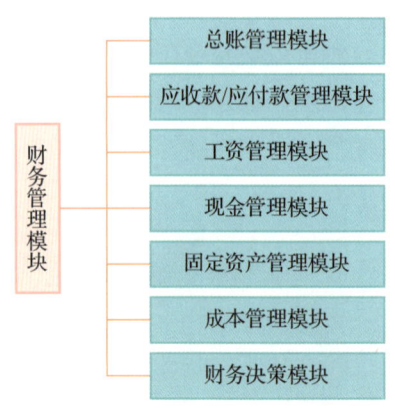

图5-4　财务管理模块的组成

1）总账管理模块

总账管理模块的主要功能包括记账凭证的录入和会计报表的编制。

2）应收款/应付款管理模块

应收款/应付款管理模块可通过与库存管理模块和采购管理模块的集成，并与销售订单和发票管理模块连接，自动生成各项业务的应收票据、应收账款、应付票据、应付账款等，编制记账凭证，并将结果自动过入总账。

3）工资管理模块

工资管理模块的功能有三个，具体如下。

（1）自动核算、分配和结算员工工资。

（2）提供工资报表，并自动生成相应的记账凭证过入总账。

（3）录入并维护工资计划（如设置员工的工资标准）。

4）现金管理模块

现金管理模块主要是进行现金支付的管理和维护，具体功能如下。

（1）输入与维护现金账簿。

（2）生成现金流的预测报表。

5）固定资产管理模块

固定资产管理模块可对固定资产的变化及折旧部分的计提进行核算和分配。企业管理者可借助该模块来了解固定资产的现状，并根据企业当前的生产经营状况进行固定资产管理。该模块的具体功能如表5-3所示。

> **小贴士**
>
> 计提是指按规定的比率与规定的基数相乘计算提取，列入某科目，即将尚未发生但将要发生的支出计算出来，列入费用。

表 5-3 固定资产管理模块的具体功能

序号	功能
1	记录与更新固定资产的增加、转移或报废等情况
2	录入与维护固定资产购入单、内部转移单及报废单等
3	将固定资产的登记情况与固定资产卡片的内容进行核对
4	编制与固定资产相关的记账凭证
5	查询与维护固定资产的具体情况

6）成本管理模块

成本管理模块可管理会计核算数据，对该数据进行统计分析，并帮助管理人员进行预测、控制和管理。成本管理模块的具体功能如下。

（1）根据往期的财务数据制订下期的财务计划和财务预算。

（2）根据产品结构、生产工序和采购成本等对各种产品的成本进行核算、统计分析与规划，并按照标准成本法或平均成本法进行成本维护。

（3）提供财务绩效评估、银行账户分析等统计数据的图形查询功能。

7）财务决策模块

财务决策模块是财务管理模块的核心，其主要内容是提供与资金相关的决策，如资金筹集、资金投放与资金管理。财务决策模块的具体功能如下。

（1）对各项业务活动及成本中心的成本进行核算，控制企业的短期成本。

（2）对已售产品与服务的获利能力进行分析。

4. 人力资源管理模块

人力资源管理越来越受到企业的关注，人力资源管理模块被引入到ERP系统后也愈加完善。该模块的具体功能如下。

（1）根据企业的具体经营情况，规划并管理企业的人力资源结构和组织框架等。

（2）对员工信息进行管理，包括对职工档案信息的管理及员工职位的分配等。

（3）对员工进行考勤管理，包括对员工出勤、加班等信息的记录，并以此为基础对员工绩效进行考核，进而对员工工资进行核算。

三、ERP平台式软件

企业信息化的日益成熟与ERP系统的深入发展，使企业对ERP系统的个性化需求增大，从而促使了ERP平台式软件的出现。

ERP平台式软件基于现有的ERP系统，通过调整系统的具体参数设置，可以快速、精准、高效地制订符合企业特色需求的ERP系统。由于无须进行二次开发，它可以在很短的时间内有效地集成企业内部资源，进而实现企业与客户、供应商及合作伙伴的协同高效发展，最终为中小企业的发展壮大，以及大型企业的全球化提供必要的技术支撑。

ERP系统能给汽车智能制造带来什么好处

ERP平台式软件具有以下特点。

1. 可快速完成功能的搭建

需要进行二次开发时，软件公司可结合企业的实际需求，迅速完成软件功能的增加、修改、删除等工作，软件的前端功能（如查询、统计等）和软件后台的数据库都可以进行访问、编辑和重新定义。

2. 实现全面一体化

ERP平台式软件除了可以优化企业内部的管理工作流程外，还可以对与客户、供应商、合作伙伴之间的商务往来进行协同优化，从而保证物流、生产、销售、客户关系、人力资源等均可以纳入平台进行全维度、综合的优化管理。

3. 具有灵活的调整机制

ERP平台式软件能够快速精准地响应企业在管理运营方式上的变化，进而指导企业管理层灵活调整业务流程、审核流程、组织结构、报表及单据转换流程等，做到随机应变，随需应变。

4. 完全受企业掌控

ERP平台式软件的所有接口均具有自定义功能。这就意味着，一旦开始计划管理工作，相关项目人员便可对软件的功能模块进行设置、修改等工作。这样，企业就具有足够的自我开发权限，而不必受制于软件供应商。

5. 无须代码开发

ERP平台式软件的最大优势，就是解决了管理人员编程水平参差不齐的问题。这就意味着管理人员只要精通具体的业务流程，就可以十分便捷地将相关模块融入ERP平台式软件中，进而对系统中的各类特色功能进行按需配置，满足个性化需求。

单元三　制造执行系统（MES）

一、MES概述

1. MES的概念

信息技术和网络技术的发展，有力地推动了制造业信息化的进程。在企业计划层，以ERP系统为代表的管理系统实现了对产、供、销等企业资源的有效计划和控制。在企业控制层（即作业现场），以CNC系统、PLC、DCS（分散控制系统）、SCADA（数据采集与监视系统）等为代表的生产过程控制系统（PCS），实现了企业生产过程的自动化，大大提高了企业生产经营的效率和质量。

然而，在企业的计划层与控制层之间还无法进行良好的双向信息交流，导致企业上层的计划缺乏实时有效的底层生产信息的支持，而底层生产过程的自动化也难以实现优化和协调。于是20世纪90年代出现了MES的概念，MES是一套面向制造企业车间执行层的生产信息化管理系统，它可将ERP系统的计划与作业现场的控制联系起来，旨在加强ERP系统的执行功能。如图5-5所示为MES在企业管理系统中的位置。

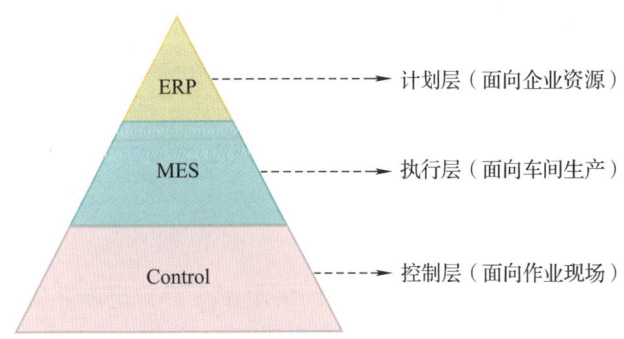

图5-5　MES在企业管理系统中的位置

MES能够通过信息传递对从订单下达到产品完成的整个生产过程进行优化管理。当作业现场发生实时事件时，MES能够对此做出及时的反应和报告，并用当前的准确数据进行处理和指导。这种对状态变化的迅速响应可以减少企业内部无附加值的活动，有效地指导生产车间的生产运作过程。

2. MES的特征

从MES的概念可看出，MES具有以下三个显著特征。

1）优化整个车间生产过程

MES可对整个生产车间的生产过程进行优化，而不是单一地解决某个生产过程中的瓶颈问题。

2）实时收集生产过程数据

MES 具有实时收集生产过程数据的功能，并能做出相应的分析和处理。

3）连接企业计划层与控制层

MES 可使企业计划层与控制层进行信息交互，通过连续的企业信息流实现企业信息的集成。

3．MES 的架构

MES 的架构分为数据采集控制层、数据库层、执行层、数据展现可视层，各层职责明确，数据统一管理，系统的扩展性好，如图 5-6 所示。

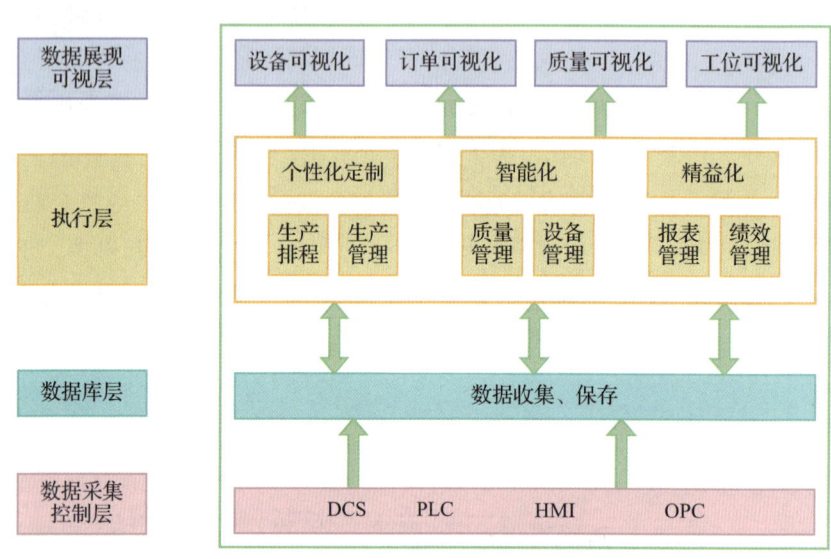

图 5-6　MES 的架构

1）数据采集控制层

数据采集控制层可通过各种传感器，在工作现场采集第一手数据，并实时传送至数据库层，供后续应用层级调用。

2）数据库层

所有采集的数据均保存在数据库层中，分钟级数据保存在实时数据库中，供查询趋势分析；批量及统计类数据保存在关系数据库中，供管理分析用。

3）执行层

执行层的功能包括生产排程、生产管理、质量管理、设备管理、报表管理、绩效管理等。

4）数据展现可视层

数据展现可视层可将执行层执行的结果数据，展示给高层管理人员，使高层管理人员了解生产计划的执行情况。

模块五　认识汽车智能制造管理系统

> **小贴士**
>
> 通过MES架构的搭建，企业可以实现上下层数据的联通，从而让上层指令及时下达，下层及时执行，也能将下层信息及时反馈至上层，为上层的决策提供支持。

二、MES的模块及其功能

MES由生产单元分配、人力资源管理、现场数据采集、工序调度、资源状态与分配管理、产品跟踪、过程管理、质量管理、性能分析、设备维护管理、文档管理等模块组成，如图5-7所示。

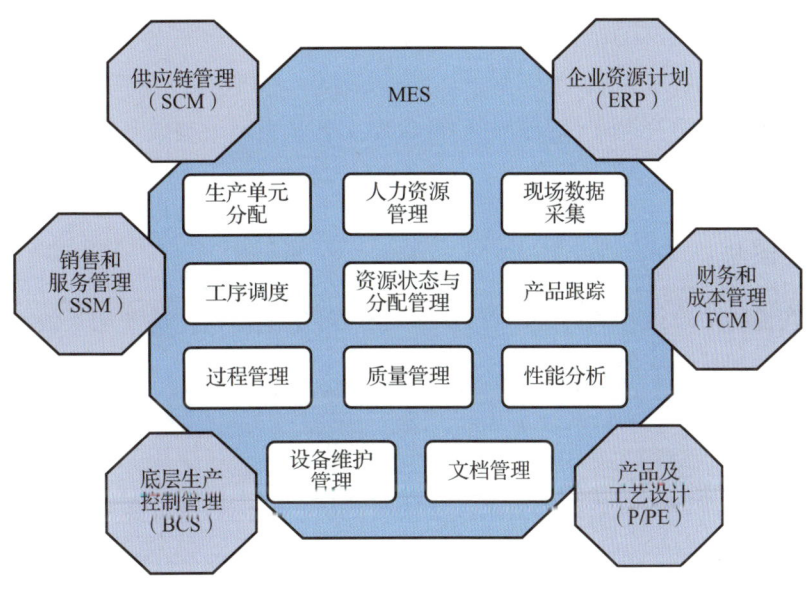

图5-7　MES的组成

1. 生产单元分配模块

生产单元分配模块通过生产订单、批量订单及工作单等形式来管理和控制生产单元中的物料流和信息流，从而调整车间制订的生产作业计划，并对返修品和废品进行处理，同时用缓冲管理的方法控制任意位置的在制品数量。

2. 人力资源管理模块

人力资源管理模块能够提供实时更新的员工状态信息数据，并结合设备的资源管理来决定最终的优化分配。

3. 现场数据采集模块

现场数据采集模块负责采集生产现场中各种必要的、实时更新的数据信息，

MES在车间应用的实例

这些数据信息可以从车间现场手工输入或由各种自动方式获得。

4. 工序调度模块

工序调度模块负责生成工序级详细生产计划，并基于指定的生产单元，提供相关的优先级、特征、方法等的生产排序。同时，MES会根据自身能力合理安排生产计划，最大限度地压缩生产过程中的辅助时间。

5. 资源状态与分配管理模块

资源状态与分配管理模块可对资源状态及分配信息进行管理，包括一些生产能力实体（如机床、物料、劳动者、辅助工具等）、加工时必备的文档（如工艺文件、数控设备的数控加工程序文件等）、历史数据等。此外，MES对资源的管理还包括为满足生产计划要求而对资源所做的预留和调度。

6. 产品跟踪模块

产品跟踪模块能通过监视产品在任意时刻的位置和工艺状态，来获取每个产品的历史记录，以方便追溯。

7. 过程管理模块

过程管理模块在监控生产过程的同时，可自动修正生产中的错误，提高加工效率和质量，并为企业提供纠正错误和提高在制品生产的解决方案。

8. 质量管理模块

质量管理模块能对生产现场收集到的数据进行实时分析，以便控制产品质量和确定生产中需要注意的问题。

9. 性能分析模块

性能分析模块能实时更新关于实际制造过程的结果报告，并将这些结果与过去的历史记录及期望值进行比较，分析生产性能的优劣。

10. 设备维护管理模块

为保证制造过程的顺利进行，设备维护管理模块可跟踪和指导企业进行生产设备的维护。它会给出维护计划，此维护计划具有阶段性、周期性和预防性的特征。而面对需要马上维护的生产设备，MES会立即做出响应。

11. 文档管理模块

文档管理模块能够管理与生产单元相关的记录或单据，如图样、配方、工艺文件、工程变更记录等，并对存储的生产历史数据进行维护。

单元四　供应链管理（SCM）系统

一、SCM 系统概述

供应链管理就是整合供应商、制造部门、库存部门和配送部门等供应链上的诸多环节，减少供应链的成本，促进物流和信息流的交换，以求在正确的时间和地点，生产和配送适当数量的正确产品，提高企业的总体效益。

SCM 系统是一种整合整个供应链信息及规划决策，并能使信息基础架构自动化和最佳化的决策智能型软件，其目标在于提高企业个体和供应链整体的长期效益。SCM 系统的特征如下。

（1）高效性。

相较传统的供应链管理模式，SCM 系统实现了供应链全环节的协作，让供应链运转的成本更低、更高效。

（2）整体性。

SCM 系统是整体化的管理系统，可建立起供应商、制造商、运输商、分销商、客户之间的统一管理。

（3）管理完善。

SCM 系统并不是盲目地对所有资源进行管理，而是有策略、有计划地进行资源管理。SCM 系统有完善的监控计划，能让企业用低成本的投入提供高质量的产品或服务。

（4）流程简化。

SCM 系统简化了企业管理流程，可使企业更便捷地对供应商进行管理，并选出风险小、出货多的供应商。此外，它还能在企业和供应商之间建立起监控和改善彼此关系的管理模式。

为什么要使用供应链管理系统

二、SCM 系统的功能

SCM 系统上的各节点是企业的相关运营活动，因此 SCM 系统的功能主要在以下几个方面。

1. 供应链战略管理

供应链战略管理必须从企业发展战略的高度考虑问题。它涉及企业经营思想，在企业经营思想指导下的企业文化发展战略、组织战略、技术开发与应用战略、绩效管理战略等，以及这些战略的具体实施内容。

2. 信息管理

信息及对信息的处理是企业能否在供应链中获益的关键，也是实现供应链整体效益的关键。因此，信息管理是SCM系统的重要功能之一。信息管理的基础是构建信息平台，实现供应链的信息共享，即通过ERP等系统的应用，将供求信息及时、准确地传递到SCM系统相关节点的企业，从技术上实现与供应链上其他成员的集成化和一体化。

3. 用户管理

SCM系统以满足用户需求为核心进行运作，可通过用户管理详细地掌握用户信息，在节约资源的同时，为用户提供优质服务。

4. 库存管理

SCM系统可通过收集供应链各节点企业及市场需求方面的信息，减少需求预测的误差，进而减少甚至取消库存，降低库存的持有风险。

5. 关系管理

SCM系统可协调供应链各节点企业，有效地降低供应链整体的交易成本，实现供应链的全局最优化。

6. 风险管理

SCM系统可通过提高信息透明度和共享性、优化合同模式、建立监督控制机制等，在供应链各节点企业间规避企业的运作风险，促使各节点企业间的诚意合作。

三、供应链管理的基本原则与程序

1. 供应链管理的基本原则

1）以消费者为中心

在供应链管理过程中，应将消费者按需求进行分类，并努力调整业务运营，以满足消费者的需求。

2）密切合作贸易伙伴

供应链上企业之间的关系是合作伙伴关系，如果没有合作伙伴关系，供应链就难以正常运转。因此，供应链各节点企业应密切合作，共享利益，共担风险。

3）保证信息充分流动

SCM系统应确保企业内部销售部门和运营部门之间、供应链各节点企业之间信息的实时沟通。

4）制订绩效指标

SCM系统应制订绩效指标以引导供应链各节点企业的行为，并对每个企业的表现进行评价和跟踪。

2. 供应链管理的程序

1）分析市场竞争环境

进行供应链管理时，企业可以先根据波特五力模型对供应商、购买者和行业竞争对手进行深入研究，寻找市场机会。

波特五力模型将大量不同的因素汇集在一个简便的模型中，以此分析一个行业的基本竞争态势。波特五力模型确定了竞争的五种主要来源分别为供应商的议价能力、购买者的议价能力、潜在进入者的威胁、替代品的威胁、现有公司间的竞争，如图5-8所示。

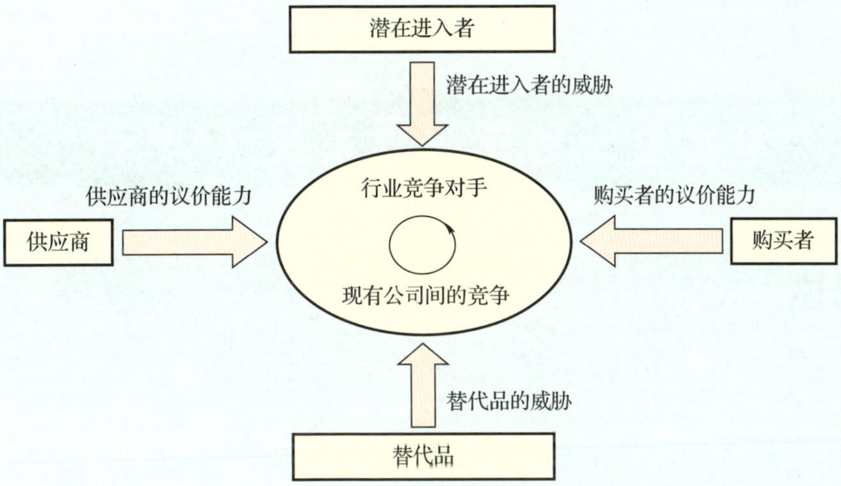

图5-8 波特五力模型

2）分析用户需求

用户需求是指用户从给定产品或服务中所期望得到的所有利益，包括产品需求、服务需求和形象需求等。用户需求是驱动整个供应链运行的源动力。

3）确定产品或服务内容

从用户需求的角度出发确定企业的产品或服务内容等。

4）建立本企业的核心竞争力

供应链注重的是企业的核心竞争力。因此，企业应将精力专注于打造核心业务，建立核心竞争力，将非核心业务外包，从而提升企业在供应链上的竞争优势。

5）评估、选择合作伙伴

供应链的建立过程是一个合作伙伴的评估、筛选过程。选择合适的对象（企业）作为供应链中的合作伙伴，是建立供应链的基础。

6）企业增值

供应链上企业运作的实质是以物流、服务流、信息流和资金流为媒介，实现企业的不断增值。

7）绩效评估

供应链各节点企业必须建立一系列评估方法，以反映整个供应链的运营绩效，评估指标主要有产销率、产需率、供应链总运营成本及产品质量等。

8）反馈和学习

供应链各节点企业间应建立一定的信息反馈机制，通过反馈的信息修正供应链并寻找新的市场机会。企业间相互学习，汲取经验和教训，会助力企业的成长。

单元五　信息物理系统（CPS）

一、CPS 概述

1. CPS的定义

CPS又称为赛博物理系统，是物联网的升级和发展。《信息物理系统白皮书2017》中对CPS的定义是，通过集成先进的感知、计算、通信、控制等技术，构建物理空间与信息空间中人、机、物、环境、信息等要素，相互映射、适时交互、高效协同的复杂系统，它可以实现系统内资源配置和运行的按需响应、快速迭代、动态优化。智能制造管理系统中的各子系统正是借助CPS才能摆脱信息孤岛的状态，它可以实现系统之间的连接和沟通。CPS具有计算、通信、精确控制、远程协调和自治等功能。

2. CPS的特征

1）全局虚拟性、局部物理性

CPS局部物理空间发生的感知和操纵，可以跨越整个虚拟网络，被安全、可靠、实时地观察和控制。

2）深度嵌入性

嵌入式传感器与执行器可使计算深深嵌入到每个物理组件中，从而使物理设备具有计算、通信、精确控制、远程协调等功能。

3）以数据为中心

CPS各个层级的组件与子系统都围绕数据融合，向上层提供服务，数据从物理接口到用户的传输过程越来越容易理解，使得用户最终能够得到全面、精确的信息。

4）实时性

信息获取的实时性会影响用户的判断与决策精度，因而CPS对实时性有着严格的要求。

5）安全性

CPS的规模与复杂性对信息系统的安全性提出了更高的要求，尤其需要防范恶意攻击带来的严重威胁和CPS用户的隐私泄露等问题。

6）异构性

CPS包含了许多功能与结构各异的子系统，各个子系统之间需要通过有线或无线的通信方式相互协调工作。

7）高度自主性

CPS的组件与子系统都具备自组织、自配置、自维护、自优化和自保护能力，可以支持CPS完成自感知、自决策和自控制。

8）可靠性高

物理世界不是完全可预测和可控的，对于突发的意外情况，CPS的高效性、可扩展性和适应性可使系统正常运行。

二、CPS 的架构

CPS的架构通常由连接层、分析层、网络层、认知层、配置与执行层五部分组成，如图5-9所示。

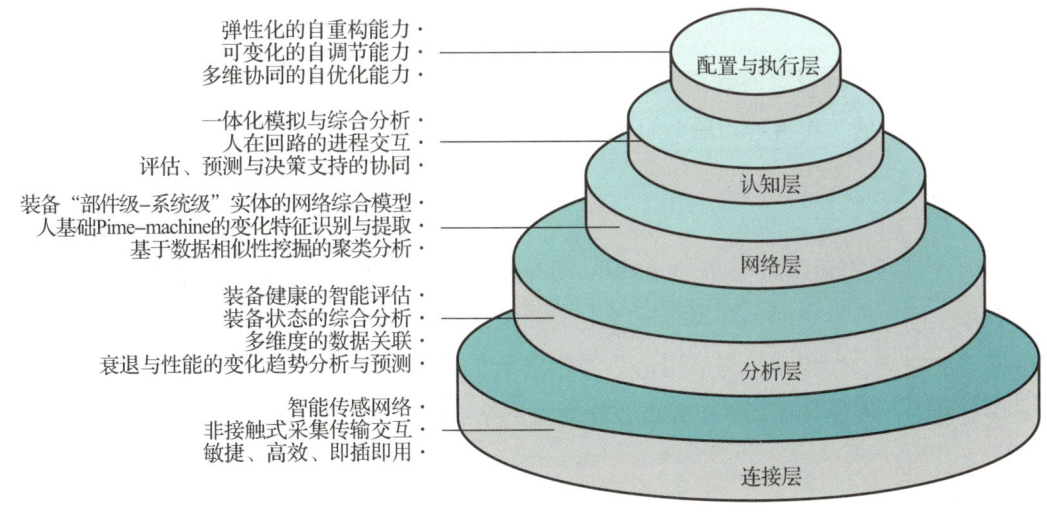

图5-9　CPS的架构

1. 连接层

连接层的核心是按照活动目标和信息分析的需求进行数据采集，但采集的数据应有选择性和侧重性。这是因为外部环境复杂多样，在连接层的感知过程中，若不加以侧重和筛选，屏蔽无用信息和噪声，同时强化关联数据的收集，则会影响分析的效率和准确性。数据采集工作可在物理空间完成，对应的自适应控制部分在网络空间中完成。连接层的工作流程如图5-10所示。

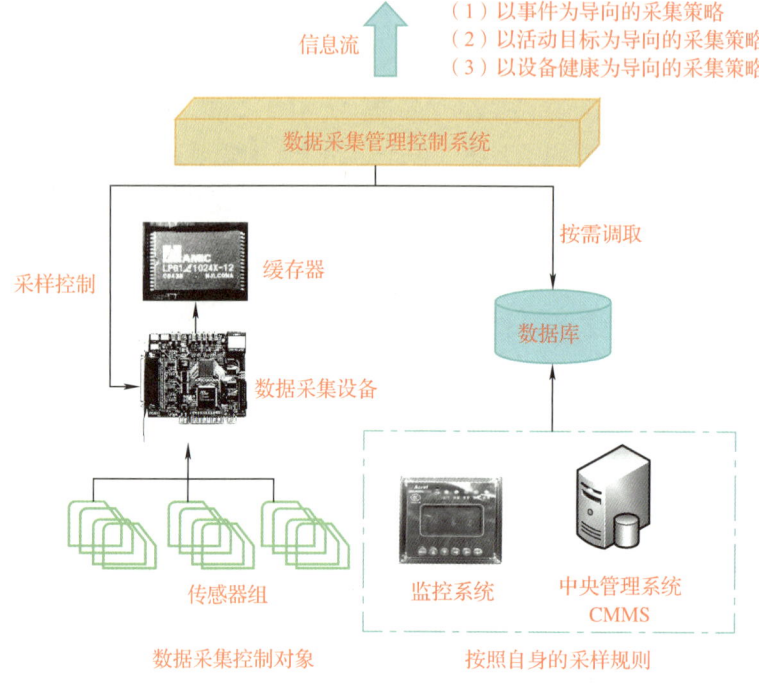

图5-10　连接层的工作流程

2. 分析层

分析层可以将来自不同资源的数据转换为可用于实际应用程序的信息，其核心是记忆与分析，并形成自记忆能力。分析层的工作流程如图5-11所示。

3. 网络层

网络层的内容包括空间模型的建立和知识学习与应用体系的建立两个部分。空间模型的建立包括对个体空间、群体空间、活动空间、环境空间及对应知识推演空间有效模型的建立，特别是以数据驱动为核心的CPS模型的建立；知识学习与应用体系的建立是在空间模型的基础上，进行实体镜像建模，并以有效的知识学习能力，支撑其他CPS单元或系统通过网络层进行相互连接和信息共享。

4. 认知层

认知层可对所获得的有效信息进行进一步的分析和挖掘，以做出更加科学、有效的决策。在信息分析方式上，认知层改变了传统的单一因素处理单一问题的静态认知过程，而是通过模仿人的大脑活动，实现了复杂问题的动态认知过程。

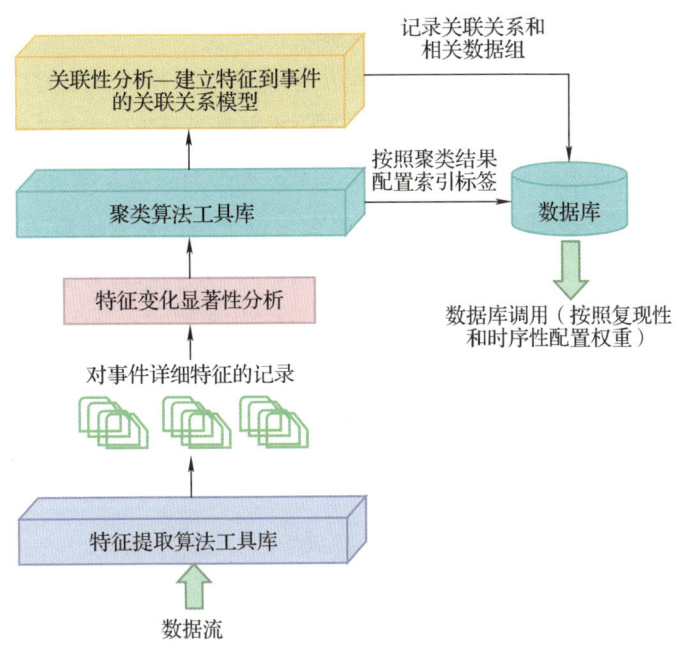

图5-11 分析层的工作流程

5. 配置与执行层

配置与执行层能够将决策转化成各个执行机构的控制逻辑，以产生新的感知并将其传回连接层，从而实现从决策到控制器的直接连接，形成CPS五层架构的循环与迭代成长。

在汽车智能制造中，CPS使网络与汽车的设计、制造、仓储、物流等相融合，进而使信息在这些相互独立的制造要素间自动交换。CPS能够引领汽车制造业不断向设备、数据、服务无缝连接的方向发展，从而推动汽车智能制造的发展。

 视野拓展

小鹏汽车上榜工信部2022年智能制造优秀场景名单

2022年12月，国家工信部正式发布2022年度智能制造示范工厂揭榜单位和优秀场景名单，小鹏汽车成功上榜2022年度智能制造优秀场景。

小鹏汽车积极响应有关部门关于《"十四五"智能制造发展规划》的号召，在智能制造优秀场景上，经过层层遴选，最终在"智能仓储""资源动态配置"两大方面给出了可复制、可推广的智能制造单元级解决方案，成功赢得国家的肯定。

（1）仓储物流智能化管理让生产制造事半功倍。

面对工厂常遇到的库存成本高、运输效率低下等困难，小鹏自主研发出了物流执行管理IBL系统，能实现从供应商创建发货单到整车入库的全物流过程实时监控，在库存准确度、FIFO遵守度（即先进先出的存货流动原则）、配送及时度和一对一批次追溯准确度等方面，都达到了近乎百分百的精准效果。

（2）构建完善资源管理系统让高效成为第一要务。

面对汽车生产线利用率低、用户个性化需求多等情况，小鹏汽车构建了一系列资源管理系统（如MES、车辆跟踪、生产过程监控、质量管理、ANDON等系统），完成了柔性车辆生产线的搭建，可支持4种车型共线生产，将产品交付周期缩短了50%，并全面实现了准时化生产和目视化管理。

未来小鹏将继续深耕数字产业化，引领制造业全方位转型，致力于成为国家重要的先进制造业中心，同时形成一批效果好、成本低、易推广的新兴技术应用模式，为在相关领域的复制推广贡献自己的一份力量。

（资料来源：人民网，有改动）

笔记

学习成果检验

一、填空题

1. PLM系统的意义是_____、_____和_____。
2. ERP系统的特征有_____、_____和_____。
3. MES的特征分别为_____、_____和_____。
4. SCM系统的功能分别为_____、_____、_____、_____、_____和_____。
5. 供应链管理的基本原则分别是_____、_____、_____、_____。
6. CPS的架构由_____、_____、_____、_____和_____五部分组成。

二、判断题

1. PLM系统的兼容性好。（　　）
2. ERP系统是在MRP系统的基础上发展而来的。（　　）
3. MES是面向车间生产的执行层。（　　）
4. SCM系统使企业管理更便捷。（　　）
5. CPS的接入设备具有运算功能。（　　）

三、简答题

1. 简述PLM系统的模块有哪些？

2．ERP系统的模块有哪些？

3．ERP系统中的财务管理模块的功能是什么？

4．MES的功能模块有哪些？

5．简述供应链管理的程序。

6．简述CPS的特征。

学以致用——调查研究

一、活动描述

随着科学技术的发展，车企用到的PLM系统、ERP系统、MES、SCM系统、CPS所搭载的软件也在不断更新。

为了更深入地了解当前车企用到的智能制造管理系统，全班同学分组开展"调查研究"活动。每个小组通过网络或纸质材料，了解一些车企用到的管理软件，并将相关内容汇总成表格，选派代表进行讲解，每组讲解时间不超过10分钟。

二、活动实施

（1）全班同学分成若干组，每组5~6个人，分别查找车企用到的管理软件，并选出一名小组组长。

（2）小组组长分配成员完成收集资料、制作表格、讲解汇报等任务。具体执行过程可填写在下方空白处。

（3）将本次活动中遇到的问题、得到的经验等填写在下方空白处。

（4）你认为对汽车智能制造影响最大的是哪个管理系统，并说明原因。

学习成果评价

各组成员根据本模块的学习情况及活动完成情况,完成下面的学习成果评价,如表5-4所示。

表5-4 学习成果评价表

姓名:_____ 组号:_____ 指导教师:_____

评价项目	评价内容	分值/分	教师评分/分
知识 (40%)	了解PLM系统	8	
	熟悉ERP系统	8	
	了解MES	8	
	熟悉SCM系统	8	
	了解CPS	8	
技能 (40%)	讲解流畅	10	
	知识阐述比较全面	20	
	表述清晰、有条理	10	
素养 (20%)	具有团队精神	5	
	准备充分,积极、认真参加活动	5	
	认真学习,按时完成学习、活动任务	5	
	具备独立分析问题、解决问题的能力	5	
自我评价			
教师评价			

模块六
了解汽车智能制造的应用

模块导读

随着社会经济的不断进步，传统汽车制造技术已经跟不上时代发展的步伐，而汽车智能制造的发展和创新则给汽车制造业带来了新的发展机遇。汽车智能制造是信息化与工业化的深度融合，更是我国加快建设汽车制造强国的主攻方向，众多知名车企都在加快推进汽车智能制造的应用，并已取得良好成果。

学习目标

知识目标

1．熟悉智能制造在上汽乘用车宁德智能工厂中的应用。
2．了解智能制造在华晨宝马数字化工厂中的应用。

技能目标

1．能总结出上汽乘用车宁德智能工厂所采用的汽车智能制造具体应用。
2．能总结出华晨宝马数字化工厂所采用的汽车智能制造具体应用。

素质目标

1．发扬奋发向上、艰苦奋斗的精神。
2．树立创新意识。
3．养成谦虚谨慎、忠于职守的工作作风。

汽车智能制造概论

模块导入

生产一辆汽车,最快需要多长时间?在智能车间,自动化率能达到多少?汽车焊接时,焊接精度能控制到什么程度?带着对汽车生产的兴趣,记者走进长安汽车的两江工厂,感受汽车智能制造的魅力。

装配线上,摄像头扫描零部件码,根据号码进行零部件匹配;冲压线上,全自动冲压机以15次/min的节奏运转;焊接车间内,检测方式实行蓝光自动检测、激光在线检测等,焊接精度在1.5 mm以内……在自动化率达92%的两江工厂,最快18个小时,一辆汽车就下线了。如今在重庆,智能生产场景早已不再鲜见,智能化让制造业焕发新的生机。

党的二十大报告提出,推动制造业高端化、智能化、绿色化发展。2022年,重庆实施1 503个智能化改造项目,新建182个数字化车间和智能工厂,帮助企业降低运营成本、不良品率和能耗,助推产业向价值链和创新链的中高端跃升。有数据显示,智能化改造后,长安汽车两江工厂的作业自动化率提高了10倍,人均产出效率提升了2.2倍,自动纠错防错能力提高了10倍。这说明,推动汽车智能制造,有助于企业提质增效,不断培育新动能。

本模块我们将共同了解下智能制造在上汽乘用车宁德智能工厂和华晨宝马数字化工厂中的应用。

(资料来源:人民网,作者王欣悦,有改动)

单元一 上汽乘用车宁德智能工厂

一、智能工厂概况

宁德智能工厂是上海汽车集团股份有限公司乘用车分公司(简称上汽乘用车)的五大生产基地之一,宁德智能工厂通过自动化工艺装备与工业物联网、工业大数据及人工智能技术的深度融合,构建了智能管理系统、智慧供应链、工业智脑三位一体的汽车智能制造体系,在提高OTD(订单及时交货率)、管控质量和降低运营成本等方面均实现了明显改善,成为全球领先的智能工厂。

宁德智能工厂

1. 智能管理系统

1)生产执行系统

生产执行系统以整车生产制造功能为主线,包括生产计划、物料运输、现场质量检测、监控预警等多个业务流程。该系统可使工厂实现物料运输更精确、设备运行更高效、故障响应更敏捷、在造车型切换更柔性的智能生产目标。如图6-1所示为总装车间工作现场。

图6-1　总装车间工作现场

2）设备管理系统

设备管理系统包含设备资产管理、预防性维护、设备维修、备品备件、设备检测和智能数据分析六大模块。它可通过PLC-PMC-PMS实现设备互联，实时采集下游设备运行状态和运行参数，同时将设备维护、巡检记录传输给上游ERP系统和数据平台，打通上下游系统，提高设备产能、降低维护成本，实现标准化设备资产管理。

3）质量管理系统

质量管理系统由质量管理平台与分析预警平台组成。质量管理平台承载基础质量管理业务，旨在提升质量管理效率，将缺陷信息与车辆检测信息绑定，形成"一车一单"的信息单；分析预警平台将传统分析算法与人工智能算法相结合，可提升质量分析预警能力。质量管理系统能持续改善车辆质量，实现全面闭环管理，并建立车辆全生命周期的质量数字档案，使车辆的质量问题可以被多维度追溯和精确定位。

2. 智慧供应链

1）智能排程（ALPS）系统

ALPS系统以能及时、准确地供应零部件为前提，包括汽车的需求计划、产能计划、投入计划，可以实现整车计划和零部件供应总体均衡，能满足多品种、小批量的柔性生产模式，并支持个性化定制业务。

> ALPS系统的特点如下。
> （1）能通过及时有效的管理，实现销售计划的调整，提高订单的完成率。
> （2）能通过内外物流的均衡安排，减少零件库存，降低运输成本、仓储成本。
> （3）能通过灵活的排产规则，实现多车间混线生产，确保生产节拍并缩短制造周期。

2）数字供应链协同（ILK）系统

ILK系统可实现供应链上下游信息透明可视、高效协同，从而降低整个供应链的运营成本，打造实时在线、主动感知的智慧供应链。

3）智能库存管理（WMS）系统

WMS系统可使库存管理的指标透明化，进而达到库存管理的精准化、精细化，最终实现仓储运作自动化，以及降低库存成本的目标。

4）运输管理（TMS）系统

工作人员通过TMS系统对运输的计划、执行、跟踪等方面加强管理，可达到提升运输质量、降低运输成本、实时控制运输过程的目的。

3．工业智脑

工业智脑包括工业大数据平台、工业物联网、掌上供应链app。

1）工业大数据平台

工业大数据平台以工业大数据技术和人工智能技术为基础，构造"数据—信息—价值"的数据赋能与增值，并展现生产运营指标和风险的总态势，以实现动态感知、辅助决策和智能预警。

2）工业物联网

上汽乘用车宁德智能工厂为满足智能制造的需求，采用了大量智能终端设备，并通过工业物联网技术使其实现互联互通，以保障生产的高效、可靠运行。

3）掌上供应链app

上汽乘用车宁德智能工厂自主研发的掌上供应链app可以提供数据可视化浏览、实时数据共享，以及供应链上下游的数据联动，以实现线上线下人机协作、工厂内外供需透明、预测预警及时准确。

二、智能工厂建设成效

上汽乘用车宁德智能工厂正式投产后，单车成本显著降低，交付周期明显缩短，生产效率、产品产

模块六 了解汽车智能制造的应用

量大幅度提高，质量缺陷率显著降低。以上显著成效主要得益于上汽乘用车宁德智能工厂在车间生产效率提升、工厂运营智能化和社会责任担当三个方面取得的成果。

1. 车间生产效率提升

1）车身车间

车身车间运用工业大数据技术与回归算法对生产设备进行主动式预警，可减少非计划停机时间，使生产线自动化率提升至99%，并可同时启动多条生产线生产多种车型。此外，根据订单情况，生产线还可快速切换生产不同车型。

2）油漆车间

在油漆车间，5 000多个传感器可对生产设备的运行状态进行实时监测并动态调整，以降低能耗，节约成本。

3）总装车间

在总装车间，自动化设备的应用比例远高于行业标准，达到国际领先水平。质量管理系统可自动挖掘亿级数据中约4%的异常信息并及时处理，进而将成品质量提升至98%，质量控制标准可以比肩一线豪华品牌汽车。

2. 工厂运营智能化

上汽乘用车宁德智能工厂通过自动化装备与工业物联网、工业大数据及人工智能技术的深度融合，在智能排程、智能供应、智能运输、智能仓储等方面进行创新，构建了在生产制造、厂内配送、车辆调度、排程调度、车辆配载、仓储管理、供应商协同、运营管理等方面的全新场景。

1）智能排程

ALPS系统运用灵活的排产规则为多车间、多车型混线制造排产提供支持，有效保证了生产速度，缩短了制造周期。

2）智能供应

ILK系统可以实现订单的发布、接收、到货、包装、发运、校验、到仓等全流程管理，使交付周期缩短约10%，人力成本降低约14%等。

3）智能运输

（1）智能选择路径。用人工智能调度模型取代人工线路调整，使运输路径调整效率大幅度提升。

（2）降低运输成本。通过人工智能模型自动地选择承运商、线路、车型，可优化运输距离，提高车辆装载率，从而降低运输成本。

（3）提高运输全程透明度。TMS系统可通过调用地图软件API接口，采集司机手机app位置，执行在途监控，实现运输全程透明可视。

4）智能仓储

智能盘点系统可按现场操作职能分发盘点任务，提升盘点质量与效率。例如，使用该系统后人工盘点量由原本的80个/天提升至300～500个/天，盘点效率提升约400%。

3. 社会责任担当

优秀的产品离不开高品质工厂，上汽乘用车宁德智能工厂通过先进的数字互联技术、世界领先的制造工艺和设备，保证产品质量与生产效率，展现了全球顶尖制造工厂的实力。它产生的显著成效，对于一家体量巨大且锐意创新的车企来说无疑是意义深远的。

面向万物互联的智能时代，汽车智能制造需要智能连接"筑基"。上汽宁德智能工厂的成功为汽车制造业打破困局、创新发展提供了新样板，也为千行百业利用智能联接重塑生产力、实现全面转型升级提供了新思路。

单元二　华晨宝马数字化工厂

数字经济是未来全球的发展方向，数字化转型升级正在加速汽车制造业的革命。在产业数字化的路上，华晨宝马已然"马不停蹄"。目前，在华晨宝马的数字化工厂中，数字化技术已被应用到生产中的多个环节，如智能数据分析、智慧物流、自动化创新等，实现了生产基地从质量、效率、可持续、人文关怀等全方面地升级。

在数字化工厂中，高度互联的智能生态系统能自动收集数据，并进行处理和分析，以实现从制造到物流全价值链的优化升级。而员工则可以通过自助数字化工具和数据平台实现数据驱动型决策，享受更加安全健康的工作环境，并制订更加智能灵活的工作方案。

一、智能数据分析

智能数据分析主要应用于数字化生产、数字化监控、数字化运营、虚拟工厂规划等方面。

1. 数字化生产

数字化生产离不开技术驱动，华晨宝马始终坚持从实际需求出发，在正确的环境下应用合适的技术。华晨宝马结合先进生产系统和尖端数字技术，打造出更加灵活的生产流程，可全面提升生产效率与产品质量，推动可持续发展。例如，华晨宝马的数字化工厂利用机器视觉技术检测发动机缸盖质量，只需要50 s左右，且准确率高达99.7%。如果完全依靠目视检测，则非常复杂，且检测效率和质量都不高。如图6-2所示为使用高清摄像机拍摄发动机缸盖。

图6-2 使用高清摄像机拍摄发动机缸盖

2. 数字化监控

在华晨宝马的总控车间,数字化平台可对系统数据进行分析处理,并在数字化面板上实时显示出各种结果,如工厂的生产效率、各车间的设备运行情况等,便于工作人员及时了解生产情况。如图6-3所示为工作人员在查看实时生产情况。

图6-3 工作人员在查看实时生产情况

3. 数字化运营

智能数据分析的应用可以节约设备维护时间,优化生产及运营流程。例如,华晨宝马基于物联网平台建立的焊枪预测性维护系统,收集并实时在线分析超过2 000个焊接机器人的运行数据,以进行预测性维护,可有效减少停机维护时间,提升生产效率。

此外，华晨宝马作为5G全线覆盖的汽车制造商，将5G技术的低延迟性、高稳定性、高速信息传输赋能生产，提高生产效率，减少生产准备时间。例如，在5G网络下，工作人员利用AR（增强现实）技术可实现远程实时诊断和维护工作。

4. 虚拟工厂规划

华晨宝马利用数字化平台实现了整座工厂生产线的仿真，将虚拟工厂规划提升到了一个新的高度。华晨宝马未来的工厂可以完全在数字化平台中设计、模拟、运营和维护，全球团队可以跨地域、跨软件工具地在虚拟空间中协作，以便实时设计、规划和运营工厂。而且利用数字孪生技术端到端地模拟出的虚拟工厂在物理上是准确的，是现实工厂完美的数字孪生体。如图6-4所示为生产线的数字孪生体。

图6-4　生产线的数字孪生体

此外，华晨宝马还通过VR（虚拟现实）技术，使工作人员在工厂建设完成前，就能率先进行全方位、全感官的工厂体验，身临其境地进行分析、评估、验证，提前发现系统运行中存在的问题和有待改进之处，并及时进行调整优化，减少后续建设执行环节产生的返工次数，从而降低规划成本，提高建设效率。

二、智慧物流

华晨宝马全力开发的全新物流系统，可以实现更智能、更灵活的物流管理。以下举例说明智慧物流的智能表现。

1. 内部智能运输

自主牵引车（见图6-5）主要用于生产车间内的物流。它可依靠激光信号自主导航在生产车间内通行，将生产物资运输至生产所需的指定位置。

模块六　了解汽车智能制造的应用

图6-5　自主牵引车

AGV（即无人运输车，见图6-6）可通过无线发射器进行定位，并按照预先编程设计的路线，独立地从A地移动到B地。例如，在华晨宝马的小零件仓储区，每天有数以万计的零部件需要运输调配，AGV可关联生产需求并自动下单，协助工作人员完成货物拣选和物流运输工作，从传统"人拣货"升级为"货到人"。AGV的应用，避免了工作人员在货架中反复穿梭，大幅降低了其工作强度，并提升了货物分拣和搬运效率，实现了数字化物流的完整流程。在未来，华晨宝马还会通过AGV，逐步实现从仓库归位、拣选到线旁供给的全物流流程自动化。

图6-6　AGV

2. 互联配送

通过华晨宝马的互联配送网络，运输车辆可接收或发送从工厂到经销商的路线、位置等相关的信息，以便物流中心及时知悉车辆位置并更新物流系统。

三、自动化创新

华晨宝马的自动化创新主要是指用工业机器人的优势补充人类的灵活性和敏感性。例如，在不需要保护屏障的条件下，轻型协作机器人可与工作人员并肩工作，执行繁重且高精度的任务，如图6-7所示。它的用途广泛，运行速度有限，可随时停下以应对任何突发的危险情况。

图6-7 轻型协作机器人与工作人员并肩工作

视野拓展

从未停止对技术的追求

28岁成为高级技师，33岁享受国务院政府特殊津贴专家待遇，37岁成为集团首席专家……从一名钳工成长为集制作、设计、建模、组装等各项技能于一身的全能型技术人才，郑志明从未停止对技术的追求。

（1）日积月累提升技能。

1997年，郑志明进入广西汽车集团有限公司，从钳工学徒干起，每天都是最早到车间、最后一个下班。在日复一日的磨砺中，他的技能变得炉火纯青，成为集车、刨、焊、铣等技能于一身的全能型专家，并练了一手绝活——手工锉削平面，可将零件尺寸控制在0.005 mm以内；手工划线钻孔，位置误差能控制在0.04 mm以内，这是国内同工种的最高水平。

2005年，作为钳工的郑志明，成为企业的高级技师。此后，他并没有停下步伐，而是挤出时间自学了UG三维建模和机械动力方面的知识。

就这样，郑志明一边工作一边学习，接触的工种已不局限于钳工，而是成为"十八般武艺样样精通"的大能人。2014年，他成为集团的首席专家。同年，以郑志明命名的国家级技能大师工作室挂牌成立。

如今，郑志明所在的广西汽车集团柳州五菱汽车工业有限公司制造工程部工装车间，主要负责制造能生产汽车零部件的设备，他也成为一名机器人装备的设计兼制造者。

（2）不惧挑战自主研发。

随着汽车行业的发展，零部件的生产设备在不断升级，工厂每次研发设计新设备时都能看到郑志明的身影。

2017年，公司的底盘工厂需要制造一条后桥壳自动化焊接生产线。该生产线由气密性检测、液压调直、机加工、机器人工作站、环焊专机等多种复杂设备组成，要求自动化程度达到80%以上。

郑志明与团队经过多次评审、优化、讨论、验证，最终拿出自动化生产线的整体数模和方案，顺利完成任务。该项目实施后，基本实现全线自动化生产后桥总成，投产后整线每年可以节约人工成本30万元，而且产量保持不变。目前，该生产线是唯一一条国内自主研发的微车自动化后桥壳焊接生产线，填补了国内自动化后桥壳焊接生产线空白。

2020年，郑志明又开始了一项有挑战性的工作，即在短时间内将工况复杂的旧设备翻新，改造成为制造新能源汽车的生产线。面对新的挑战，他越战越勇。

（3）无私奉献甘居幕后。

独木不成林，一花不是春。郑志明从一名普通钳工成长为国家级技能大师，在用心工作的同时还带了很多徒弟，并毫无保留地把技艺传授给他们。

"如果能带出优秀的徒弟，说明师父也很优秀。"郑志明希望通过传帮带，为广西汽车制造业乃至为"中国智造"培养出更多高技能人才。

（资料来源：中国工会新闻网，有改动）

笔记

学习成果检验

一、填空题

1. 上汽乘用车宁德智能工厂的智能管理系统包括 _____、_____ 和 _____。

2. 华晨宝马智慧物流的智能表现在 _____ 和 _____ 方面。

二、判断题

1. ALPS系统可以为车间的生产计划及时供应相应零件。（　　）
2. 自主牵引车依靠人工导航在生产车间内通行。（　　）
3. AGV可独立地从A地移动到B地。（　　）

三、简答题

1. 在上汽乘用车宁德智能工厂中，工厂的运营智能化表现在哪些方面？

2. 在华晨宝马数字化工厂中，智能数据分析的应用表现在哪些方面？

学以致用——案例分析

一、活动描述

为了更加深入地了解汽车智能制造的应用,全班同学分小组分别查找汽车智能制造的其他应用案例,以PPT的形式进行分享,并派代表讲解其中的内容。(选择10张左右图片和3个视频,每组讲解时间最好不要超过10分钟。)

二、活动实施

(1)全班同学分成若干组,每组5~6人,并选出一名小组组长。

(2)小组组长分配成员完成收集资料、选择图片或视频、制作PPT、讲解汇报等任务。具体执行过程可填写在下方空白处。

(3)将本次活动中遇到的问题、得到的经验等填写在下方空白处。

学习成果评价

各组成员根据本模块的学习情况及活动完成情况，完成下面的学习成果评价，如表6-1所示。

表6-1 学习成果评价表

姓名：_____　　　　组号：_____　　　　指导教师：_____

评价项目	评价内容	分值/分	教师评分/分
知识（40%）	了解上汽乘用车宁德智能工厂	20	
	熟悉华晨宝马数字化工厂	20	
技能（40%）	PPT制作精美、简洁	10	
	知识阐述比较全面	20	
	表述清晰、有条理	10	
素养（20%）	具有团队精神	5	
	准备充分，积极、认真参加活动	5	
	认真学习，按时完成学习、活动任务	5	
	具备独立分析问题、解决问题的能力	5	
自我评价			
教师评价			

参考文献

[1] 胡峥．智能制造概论［M］．北京：机械工业出版社，2022．

[2] 朱强，江荧，翟志永．智能制造概论［M］．北京：机械工业出版社，2022．

[3] 任长春，舒平生．智能制造概论［M］．北京：机械工业出版社，2021．